サンパウロ福音教会（2004 年）

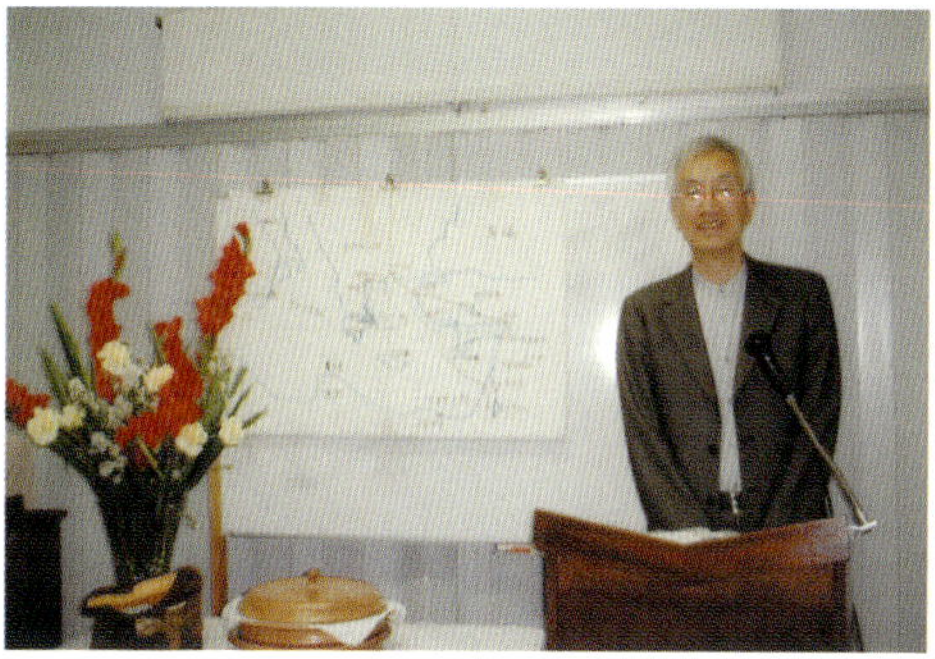

説教する小井沼國光牧師（2005 年）

デイ・サロン「シャローム」で話をする眞樹子牧師
（2005 年 4 月 14 日）

サンパウロ福音教会礼拝風景（2004 年）

デイ・サロン「シャローム」の創立 5 周年祝会（2005 年 10 月 23 日）

アルト・ダ・ボンダージ・メソジスト教会（2010 年）

アルト地区周辺（2013 年）

アルト教会礼拝風景（2013 年 10 月 20 日）

4月の誕生者を祝って（2019年4月28日）

ヴァレリオ教会の新会堂（2024年現在）

ただそこに居なさい！

小さな宣教師のブラジル通信

小井沼眞樹子〔著〕

キリスト新聞社

主よ、私たちにではなく
私たちにではなく
あなたの名にこそ、栄光を与えてください
あなたの慈しみとまことのために。

（詩編一一五編一節）

まえがき

子育てと介護に追われていた一人の主婦が、ブラジル宣教師として召し出されて四半世紀を生きてきました。サンパウロでの一〇年間は、知識が豊富ですぐれた知性の持ち主だった夫の小井沼國光にずいぶん寄りかかって、自分に与えられたミッションを果たすことができたように思います。

彼が天に旅立ったあと、二〇〇九年から単身でブラジル教会に赴任する際に、日本聖書神学校の恩師である故・関田寛雄先生（日本基督教団牧師）から一枚のはがきが届きました。

Just be there!（ただそこに居なさい）

という言葉がそのはがきに記されていました。宣教師とはそういう者であることを、関田先生が私に教えてくださったのです。

実際、文化や言語や生活習慣の異なる宣教地にいますと、圧倒的な不自由と孤独と無力に直面します。その時に Just be there! という言葉にどんなに励まされ、支えられて歩んできたことでしょう。ただそこに居ることが宣教師の務めであること、何もできなくても神さまが私をこの地に遣わされたのだと信じ続けること、それが宣教生活の主軸でした。その軸を中心に立てていると、宣教の道のりでどういうことが起こってくるのか。そういう現場からの報告を「サンパウロ通信」「オリンダ通信」

「SALVADOR」という形で書きつづって、共に歩んでくださっている方たちに届けてきました。

本書は、そのような具体的な宣教現場から折々につづられた「通信」を、年月の経過にそって必要と思われる修正や注釈を加えながら、ひとつにまとめたものです。過ぎ去った宣教の日々を、もう一度世間に発表することに果たしてどんな意義があるのかと、自問しながら進めてきました。

ところが、時の流れの中で散漫に投げ込まれてきた小石が、時の経過とともに重なり合ってひとつの足場を築くように、そこに小さな者をブラジル宣教に召し出した方のご意思が浮かびあがっているようで、私自身が驚かされることになりました。

本書は、次のような内容になっています。

はじめに
私の出生から宣教師として召し出されるまでを簡単に紹介しています。

第一部・サンパウロ編
一九九六〜二〇〇六年三月にかけて、日本基督教団宣教師の宗像基牧師（故人）が創立したサンパウロ福音教会で、夫の小井沼國光といっしょに一〇年間奉仕しました。後半では日系高齢者へのボランティア活動、デイ・サロン「シャローム」の発足と活動の様子を記しています。
夫・國光は「サンパウロ通信」を年二回発行する際、誌面の設定、テーマや執筆者の選択などを「小井沼宣教師夫妻と共に歩む会」の事務局長であった日本基督教団横浜港南台教会の秋吉隆雄牧師と相談しながら決めていました。その紙面は一二～一四ページにも及び、ブラジルを訪問した方々の体験報告記や、國光の関心事であるブラジルの文化社会論も多々あり、豊かな内容の通信でした。

そんな紙面の中で、私の記事は大抵、宣教生活における主観的な随想や体験談でした。第一部・サンパウロ編は、そのような私の記述部分だけを拾ってつなげたもので、「サンパウロ通信」のオリジナル版（二一号まで）*の主要部分は、じかに反映されていないことをお断りしておきます。

追記　小井沼國光の旅立ちに際して

二〇〇六年八月二四日に六一歳で召天した夫・國光を追悼する意味で、二一号の木田献一先生（故人）の文章と夫の絶筆となった記述を加え、私の報告と告別式での遺族挨拶、その後の回想文を添えた追記を置きました。

第二部・ノルデスチ編

ブラジル北東部（ノルデスチ）の貧困地区に所在するブラジル人教会で宣教奉仕した記録です。

第一章　なんと美しい町、オリンダより

二〇〇九～一五年六月まで、ペルナンブコ州の歴史都市オリンダのアルト・ダ・ボンダージ・メソジスト教会での宣教生活の報告。教会に集う人々と共に生きる中で、信仰を再生し、新しく主イエスと出会った体験を伝えています。

第二章　救い主の町、サルバドールより

二〇一六～二一年末まで、バイーア州の州都サルバドールに所在するヴァレリオ・シルヴァ合同長老教会で奉仕。二〇年三月から、世界中に蔓延《まんえん》したCOVID-19によって行動が制限されましたが、困難の中での教会の成長ぶりと、新会堂建設をどのように成し遂げたかを記しました。

また、ほかのプロテスタント教会やカトリック教会とのエキュメニカルな宣教活動に参加することによって、ブラジルにおける解放の神学の動向についてわずかながら言及しています。

あとがき

第一部、第二部で直接言及されていない事柄を補充しました。

なお、聖書の引用については、通信の執筆時には日本聖書協会発行の新共同訳聖書（一九八七年）を使用しましたが、本書では聖書協会共同訳（二〇一八年）に統一しました。讃美歌の引用は、『讃美歌21』（日本基督教団出版局、一九九七年）によっています。

＊「サンパウロ通信」オリジナル版は、日本基督教団横浜港南台教会のホームページの中に、全編収録されています（http://akiyoshi-madobe.jp/image/stpaulo_index.html）。

目次

目次

はじめに

本書は、一九九六年から二〇二一年にかけて、ブラジルの三つの宣教地から日本の支援者に向けて発信した「通信」をまとめたものです。本文中に、繰り返し過去の出来事を回想する記述が出てきます。それらの記述がどういう背景のもとで語られているかを理解しやすくするために、宣教師として召し出されるまでにたどった私の成育歴と生活の道のりを、あらかじめ短く紹介しておきたいと思います。

誕生と幼少期

一九四七（昭和二二）年、私は東京の世田谷で生まれました。その後一家は現在の西調布付近にあたる地区で、ある共同住宅に住んでいました。そこで三歳年上の姉が日本脳炎に罹《かか》り、その後遺症で知的障がいを負う身となったのです。

その後、父はアメリカの大学に二年間留学。留守中に弟が生まれ、四人の乳幼児を抱えた母がどんなに大変だったことか。母の不意の失火でその住宅が全焼するという惨事が起きたのです。

焼け出された私たちは、札幌に住む伯父（母の兄）のもとにしばらく身を寄せました。私は札幌で小学校に入学。その夏に父が留学先から帰国して東京に戻りました。五五年、三年生の春から世田谷に転居し、以来そこが私の実家となりました。

小学生時代は、「知恵遅れ」と称されていた姉といっしょに育ち、あまりクラスの友だちと群れて遊ばず、たいてい何か弱さを負っている子どもの傍《そば》にいました。母は優しくてユーモアのある明るい人でしたが、体が弱く、姉の養育のことでとても苦労していました。そんな母の姿を見て、当然のように弟妹の面倒を見る姉さん役をしました。

青年期から新婚時代へ

中学、高校時代は快活で楽しい一時期でした。日本基督教団池袋西教会の教会学校に通い、六一年、一五歳のクリスマスに信仰告白式を受けました。

都立新宿高校では器楽部（のちに管弦楽部と改名）に入部し、ヴァイオリンを弾いて過ごしました。先輩で作曲家の池辺晋一郎さんがまだ東京芸大の学生で、よく後輩の指導に来てくださいました。

六八年、母が池袋西教会の二階で倒れたとき、私は二一歳、慶應義塾大学法学部の学生でした。三日間牧師館でお世話になったあと、文京区の本郷病院に入院。ちょうど、東京大学の安田講堂が機動隊によって陥落する事態となった晩、母の病室でヘリコプターの爆音を聞きながら眠れない夜を過ごしました。同世代の学生たちが帝国主義体制に抗《あらが》って闘っているのを傍観しながら、私には介護という差し迫った土俵が現れてきたのでした。

その頃、小井沼國光が池袋西教会に来るようになり、青年会で親しくするうちに、七一年に結婚へと導かれました。

卒業後、鎌倉グリーンハイツという団地に移り住み、そこで長男と次男が誕生。五年間、家族水入らずの幸せな家庭生活を過ごしました。

鎌倉雪ノ下教会に通い、加藤常昭牧師（故人）の説教を傾聴して信仰を養われました。

母の重病、介護態勢の推移

実家の生活は妹が支えていましたが、母が五四歳の時、小脳膿瘍《のうよう》という病気で小脳を摘出。以降二年九カ月の入院生活が続きました。

子育ての一番忙しい時期が過ぎ、妹と交代しなければという気持ちが高まって國光と話し合い、実家に同居する決断をしました。七七年に鎌倉から世田谷に引っ越しました。

介護態勢と時期を合わせるかのように、母は重度の脳疾患から奇跡的に回復して、家庭に戻ってくることができました。しかし、母と姉と三人の乳幼児（渦中で三男が誕生）を抱えた生活は、大変困難でした。

妻の心身の荒廃ぶりと幼い子どもたちがそれぞれ事故や病気で入院の憂き目に遭《あ》うのを見て、國光が二年に及ぶ同居生活をやめる決断をしました。そして、会社に「住宅困窮者」の申請をして認められ、家賃の三分の二を支給されることになりました。私たちは実家の近くに借家を見つけて引っ越し、その後、通いの介護生活を三年間続けました。その間、妹と弟が順次結婚し、それぞれの伴侶も加わって介護に協力しました。

そのうちに、夫の会社からの家賃援助の期限が迫り、小井沼家は横浜に新居を建てて引っ越すことになりました。その際、介護の主な担い手を義妹（弟の妻）に託すにあたって、姉は長野県上田市にある知的障がい者施設に入所することになりました。

母の最後の三年間は、鼻から流動食の管、下には排尿の管を付けて、寝返りひとつできない状態でした。だんだん世田谷での家庭介護が行き詰まり、最後の一〇カ月間は横浜のわが家に迎えて介護しました。

当時通っていた横浜港南台教会の秋吉隆雄牧師が、教会員といっしょに訪問してくださり、こころ和む交わりと聖餐式によって力づけられました。

それでもやはり、疲労が高じて在宅介護の限界に突き当たり、プロの介護人といっしょに母を世田谷の父のもとに返さざるを得なくなりました。自分の家に帰宅してから二日後、時いたって母は天に召されて逝きました。

八五年四月一四日、イースターの翌週の日曜日。六三歳でした。

サンパウロ駐在生活とその後の展開

母を天に送って半年後に、夫の会社からサンパウロへの転勤辞令が下り、母の召天一周年記念会を

准允式　アバコブライダルホールにて（1996年4月1日）

終えた八六年四月から、一家五人はサンパウロの地で生活を始めることになりました。息子たちは、広く豊かな自然に囲まれたサンパウロ日本人学校で、五年間、のびのびと楽しい学校生活を体験しました。

　私たちは単立サンパウロ福音教会で教会生活を守りながら、路上にいる貧しい人々の姿に接して、キリスト信者であることを根底から問われました。やがて、堀江節郎神父（イエズス会）との出会いが与えられて、夫も私もそれぞれに献身の決意へと導かれました。九〇年末に、私と下の息子二人が帰国。夫は翌年七月に帰国して、九二年春に日本聖書神学校に入学しました。私は一年遅れて、教団の定める教師検定課程（Cコース）で勉学を始めました。また、ホームヘルパー養成講座を受けて資格を取得し、横浜市の在宅介護の現場で三年間働きました。夫が神学校に通い始めると、二年目に上司から呼び出され会社を解雇されました。失業保険と退職金で食いつなぎ、家のローンを返済。その家を売却して三人の息子たちの教育費を確保し、息子たちはそれぞれの大学、高校の学生寮に入居して学生生活を始めました。

　こうして、九六年三月に神学の学びを二人が同時に終了して、補教師（伝道師）の准允《じゅんいん》を受けて、今度は宣教師としてサンパウロへと旅立ったのです。

第一部・サンパウロ編

一本の木のように

四月一六日にサンパウロに着いたその日から、サンパウロ福音教会付属めぐみ幼稚園の仕事が始まり、新入りの園長としてたどたどしく歩み出しました。翌日は入園式で、一七名の新入園児を迎えて一学期がスタート。私は毎朝一時間、教会の前の路上に立って子どもたちを出迎える役をしています。六〇名の園児たちの名前を、間違えずに「〇〇ちゃんおはよう」と声をかけられるようになるのに一カ月かかりました。

一人ひとりの大切な人格を思うと、子どもたちと新しく出会えた喜びは大きく、その目線の低さに、改めて身をかがめて対応しなければならないことを学びました。

子どもたちは実に率直に新米の私を「えんちょうせんせい！」と受け入れ、親愛の気持ちをこめて呼んでくれます。嬉しいですね。そう呼ばれているうちに、初めはぎこちなくコチコチに緊張していた私も、だんだん肩の力が抜けて、それらしくなってくるから不思議議です。

幼稚園の先生たちは、これまで幾多の困難を乗り越えて「めぐみ幼稚園」を続けてこられただけあって、タフで底力があり、協力的で、しかもよく冗談を言い合う明るい人たちです。私のような経験不足な人材でも、一〇年来の知己のように迎えてくださり、私が新しい職場に自然に溶け込むことができたのも、彼女たちのこころの広さによるところが大きいと思います。二世の若い先生たちは、幼稚園の仕事を四時に終えたあと、皆夜間の学校に通う学生で、朝から夜遅くまでよく頑張っていると感心します。

さて、久しぶりのサンパウロですが、日本から「開発途上国」ブラジルにやってきたという気持ちはどこかにすっ飛び、私のいる所はまぎれもなくもう先進国だと思いました。五年前には見られなかったピカピカの日本車が路上を走り回り、食品を除く物価の高いこと、新しい高層ビルも増え……そんな大都会のどまん中に住むことになったわけです。

教会のすぐ後方には「ヴィンチイトレス・デ・マイオ（五月二三日）」という大通りが走り、絶えず騒音と排気ガスをまき散らしています。それでも、歩き慣れた街角に買い物がてら出ていくと、行き交う多様なブラジル人たちの間にあって生活している不思議さ、私もこの街角の風景の一部になっていることが無性に嬉しくなって、感謝でこころが満ちてくるのです。

小さな教会と小さな幼稚園。ごく限られた教会員や幼稚園の先生方とのお付き合い。そこに具体的な私の職務があることは幸いです。

少ない物、少ない交友関係、少ない情報で、言葉も不自由な生活をしていると、考える内容もどんどんシンプルになってきて、もう何も語る必要もなくなってくるようです。

教会の駐車場の脇にドッシリと立っている一本の木のように、私もここに黙ってじっと立っていようという気持ちです。見えるものは少なくても、じっと目をこらし、耳をこらし、こころをこらして、周囲の世界と関わっていきたいと思います。

（サンパウロ通信創刊号・一九九六年八月四日発行）

世界の友たちと祈りを合わせて

高層ビルの林立する大都会のまん中に住んでいても、救われるのは、街路樹がのびのび枝を広げてそそり立ち、豊かな緑と涼しげな木陰を提供してくれていることです。そして今は一番青葉の美しい時季、いろいろな小鳥たちの楽しそうなさえずりが、この地をパライゾ（天国。教会の所在する地区名）にしています。

新しい生活を始めて半年たちました。言葉が不自由なため、相変わらずひとつの場所にじっといることが多いのですが、神さまは私がここにいることで、思いがけない出会いと交わりの機会を与えてくださいました。今年の七月末から八月にかけて、リオデジャネイロで「メソジスト教会世界大会」というものが開かれたのですが、本大会に先駆けて「メソジスト教会女性大会」が三日間開かれ、私はそこに日本基督教団からの代表者三名の一人として参加することができたのです。

世界中の国々から、五〇〇名近くの女性たちが集まりました。それぞれが色とりどりの民族衣装を身にまとい、その華やかさはまるで花園のようでした。実に様々な状況から、人々が集まってきました。

キューバの方は、ぎりぎりになるまで政府からの出国許可がとれず、やっとの思いで来たということでした。「お国はどうですか」と尋ねると、「神さまを信じることによってしか希望を見出せない」と語っていました。

太平洋南方の島トンガから飛行機を乗り継いで三日もかかってやってきたという素朴で愉快なおばさま方は、美しく透明な歌声を披露してくれました。

「自分の国ではキリスト教徒は犯罪人のように扱われて暮らさなければならず、お金もないのでじっと家の中に閉じこもっているのよ」と寂しそうに話してくれたのは、スロバキアの女性です。

たった一人赤ちゃんを背負って参加していた若いお母さんはアフリカのケニアから来た人でした。「難民になってなんとか生き延びてきましたが、戦禍の中で何人も家族や子どもたちが殺された」と、涙ながらに話してくれました。

五年に一度開かれるというこの大会は、今回で九回目を迎え、そのテーマは「聖霊よ来て、私たちをひとつにしてください」というものでした。「ひとつになる」というイメージを、参加者がそれぞれ持ち寄った色とりどりの毛糸を織り合わせて一枚の織物にしていく作業を通して表現していました。

「それぞれの民族の多様な文化や個性を大切にしながら、キリストの十字架によって、愛のうちにひとつになっていこう、そのような聖霊の働きを祈ろう」

言葉がよくわからないながらも、会議全体を通じてそのような呼びかけを強く感じることができました。

そして世界の女性たちと共に聖餐式にあずかったとき、本当に言葉や文化の壁を越えて聖霊が私たちをひとつにしてくださる、という希望を見出すことができ、感動しました。

地元のブラジル全土からも一〇〇名近くのブラジレイラ（ブラジル女性）が参加して、ホステスとしてよく奉仕してくださいました。この明るくほがらかなブラジル女性たちが、地域集会のときに人形劇で演じたのはルカによる福音書一四章一六節以下の「大宴会のたとえ」でした。

手作りのユーモラスな人形たちを長いさおにくくりつけて、歌いながら楽しそうに演じてくれました。けれど、それを観ていた私たちにとって、その劇にはびっくりするほど真実がこめられていたのです。私はそれまで、聖書のこの箇所をそれほど深く読んだことがなかったように思いました。

主人がせっかくこころをこめて用意したご馳走《ちそう》を横目に、前もって招かれていた人々は次々に言い訳をして去ってしまいます。その宴会よりも自分の都合の方が大切なのだと言わんばかりに行ってしまうのです。私はこれを見ながら、これは私たちの教会の姿ではないかと内心ドキリとしました。

すると主人は怒って、僕《しもべ》をやり、町の広場や路上にいる人たちを連れてこさせます。するとそこに集められてきたのはどうでしょう。まさしくサンパウロの街のそこいらじゅうに見かけることができる、貧しい人たち、体の不自由な物ごいの人や路上にいる子どもたちでした。それはあまりにも現実そのものの光景で、神の国の宴会にまっ先に招かれているのはこの人たちなのだと、私は改めて思い知らされたのです。

このブラジルの地で、広場や路上に捨てやられている人々を見て見ぬふりをしながら礼拝やお祈りをしていて、来るべき神の国で主の食事を味わうことが許されるだろうか。私はそのような神さまからの問いかけを、こころに強く覚えました。

そしてブラジルだけでなく、世界中の至るところで、似たような状況のもとで、人々がそれぞれ懸命に不正や抑圧と闘っているのです。苦しみもがきながらも主を信じて生きている人々に接し、私は胸が熱くなってきました。この苦しんでいる世界の友たちと連なっていかなければ、私は神さまの裁きを受けても仕方がないのではないか、そう思ったのです。

閉会礼拝では、次の五年の新しいリーダーに選ばれたパキスタンの女性が、立ち上がって話をしました。彼女の親しかった一人の青年の早すぎる死を実例に挙げて、会場の皆に訴えました。

「なぜ、彼が死ななければならなかったのでしょうか。それは明白です。彼は貧しい者であり、少数民族に属していて、征服された側にいる人間だったからです。私たちはお互いにアイデンティティーを大切にしながら、相よってひとつになっていきましょう。そして力を合わせて、この世界の貧困や人種や階級や性別などによるあらゆる差別と闘っていかねばなりません。神さまの愛と正義と平和を実現するために、勇気と希望を持とうではありませんか」

涙をもって語られた彼女の言葉は、神を信じることによってしか希望を見出せない状況に生きる多くの人々の胸に響き渡りました。そのとき皆が手にしていたろうそくの灯《ともしび》のように、熱い火が参加者一同のこころにともされたのではないかと思います。

今、世界の教会がもう一度ひとつになっていこうとしています。弱く、小さくされた人々を中心にして、大きなうねりのように動き始めているのを感じます。この動きの中に私たちも共に加わっていきたいと強く思わされています。

（サンパウロ通信第二号・一九九六年一二月一〇日発行）

光と風とムイトプラゼール（初めまして）

二三時間の飛行機の旅の末、お二人がサンパウロの空港に降り立ったその日は、雨上がりの空が青く澄んで広がり、陽の光のまぶしい朝でした。

「ヤァ、まだ何か、信じられないですネェ」と笑って立っておられる木田献一先生と息子の新一さんを前に、夫と私は少々興奮していました。異常に高温だったという日本の六月を過ごして冬のサンパウロに来られたお二人にとっては、少し肌寒かったかもしれません。でも、冬にしてはいつになく温暖な七月のサンパウロでした。

それから三週間の旅行中、行く先々で好天に恵まれました。先生方には、ブラジルの明るい太陽の光をふんだんに浴び、心地よい風をぞんぶんに味わっていただきました。この光と風の中で木田先生が南米大陸と初めて出会ったことが何よりもよかったと思います。

サンパウロに着かれた日の午後、近くのイビラプエラ公園に散歩に出かけました。そこでは、満開のオキナワザクラ（カンヒザクラ）が先生をお迎えし、白サギたちが美しい舞いを舞ってくれました。

一二時間の時差も覚めやらぬ翌朝、簡単に朝食を済ませて、私たちは近くのフェイラ（青空市）に出かけました。道の両側にズラリと並ぶ屋台の上に山と積み上げられた野菜や果物。その色鮮やかさ、見事な大きさをご覧になって、先生は思わず、「ヤァ、野菜や果物たちが皆いい顔しているナァ」と感嘆の声。そんな表現に木田先生の感性のみずみずしさが伝わってきます。

「さぁ食べてみて」と惜しげもなく切って差し出されるメロンやパイナップルやポンカンを食べ歩き、フェイラをひとめぐりする頃にはお腹もいっぱいになりました。

ブラジルには昔は野菜を食べる習慣がなかったこと、日本からの農業移民の人たちによって、今日ではこのように立派な野菜が種類も豊富に作られるようになって、ブラジルの人々に喜ばれていることを先生にお話ししました。大根、里芋、ごぼう、白菜など和野菜も何でもあり和食の材料には事欠きません。

翌日、先生はサンパウロ福音教会の聖日礼拝で「ブラジルから学ぶもの――自立と愛」と題して「一粒の麦は、地に落ちて……死ねば、多くの実を結ぶ」(ヨハネ福音書一二・二四)の聖句を引用して説教されました。その中で、先生は日系移民の方たちの努力について触れ、日本人が作った野菜だけれど「日本人が」ということをあえて言わずに、野菜がこの国の人たちの健康的な生活に貢献している。そこに自己犠牲的な愛と自立の姿を見出す、と語られました。

ともあれ、私たちがこころ惹《ひ》かれてやまないブラジルの大地と、敬愛してやまないこの大地に生きる人々を、木田先生にご紹介することができて幸せでした。そして、日本では人と人とがこんなふうに率直に自由に関わることがなかなか難しいだけに、この大地で、それぞれの人たちが立場を超えて友人として出会い、思いと言葉を通わせて旅ができたことを嬉しく思いました。

(サンパウロ通信第四号・一九九七年一〇月三一日発行)

出会いの旅路をふりかえって

今回の三週間にわたる木田献一先生のブラジル旅行に、私はサンパウロからリオデジャネイロ、その後マナウスまで同行して一行からはずれ、日本へ一時帰国しました。末の息子が高校三年の夏休みを迎えるにあたり、進学相談に行く必要があったからです。

旅路の詳細については、サンパウロ通信四号オリジナル版に記載されています（オリジナル版の閲覧については本書七頁の注を参照）。私が特に感慨深く思い返しているのは、木田先生とごいっしょに堀江節郎神父の新しい任地マナウスを訪問し、そこでの神父のお働きに接するという出来事が実現したことです。

振り返りますと、一〇年前の一九八八年という年は、いくつもの意味において大切な年だったと思います。ブラジルの歴史においては「奴隷解放一〇〇周年記念」、日系移民にとっては「移民八〇周年記念」の年でした。そして、私たち小井沼一家は、サンパウロ駐在の前半を過ごし、一時帰国をはさんで後半の生活に入る時でした。イエズス会司祭、堀江節郎神父と初めて出会ったのは、その年の五月のことでした。

初めて神父がわが家に来てくださった夜、私は「ブラジルに来て、私が出会いたいと思っていたのはこの方だった」と直感しました。神父とお話し合いを重ねるたびに、それまで私たちが抱えていた様々の疑問が解消し、いろいろなことが明確になっていきました。ブラジルの現実についてだけでなく、それはまたカトリック教会、その信仰のあり方との出会いでもありました。

そして堀江神父との出会いと親しい交わりは、私たちに企業の駐在員という限界を超えて、ブラジルと深く出会う契機を与えてくれ、そこから、私たちが思ってもみなかった人生の方向転換へと導き出されていったのです。

私たちが日本に帰国するのと相前後して、九一年二月に堀江神父はサンパウロを去り、東北伯（ブラジル北東部）パライーバ州のジョアン・ペソアに移っていかれました。神父の長い間の祈りだった「貧しい人々といっしょに生きていく生活」が始まったのです。

私は帰国後も、永住ビザ更新のために二年ごとにブラジルに行き、その都度、神父の働いておられる現場を訪問しました。そこは、サンパウロにいたときには想像もできなかったブラジルの別世界、もうひとつの現実がありました。三〇〇年も続いた奴隷制の爪痕《つめあと》が今なお人々を傷つけ、苦しめている現実。ノルデスチ（東北伯）の民衆について専門家は「持たない」、「知らない」、「できない」、「存在しない」という四つの「ない」で説明しているそうです。「持たない」は物質的次元のこと、「知らない」は教育的次元、「できない」は政治的次元のことで、彼らがどんなに頑張っても政治を変えることができない、「存在しない」は社会的次元のことで、非人間化された状況で大勢の人々が生きているのに社会はそれらの人々が存在しないかのように動いているというのです。

そこにいる何人かの方々と友だちになりました。ほとんどが「夫」に捨てられた女性たちです。一人で何人もの子どもを育てています。この「女たちと子どもたちの共同体」でいっしょにミサにあずかったとき、彼女たちの祈りと歌声の中に身を置いているうちに、激しい悔い改めの涙に襲われて身じろぎができなくなりました。同時に強い力で神さまの方へと引っ張られていく自分を意識しました。

木田献一先生と初めてお会いしたのは、二度目のブラジル旅行をしてきた年、九四年の一〇月のことでした。横浜港南台教会の一泊研修会で木田先生を講師にお招きし、旧約聖書の学びの時を持ったのです。

恥ずかしながら、私はそれまで、南米の解放の神学と旧約聖書との関係については、解放の神学が「モーセに率いられて荒野を旅していったイスラエルの民の姿に教会の新しい姿を見出した」というくらいの知識しかありませんでした。旧約学についてまったく無知な者にとって、木田先生の深い学識と洞察に満ちたお話は圧倒されるほど面白く、グイグイ引き込まれていきました。

神は、モーセにご自分を「奴隷の家から解放した神」として自己開示なさったこと、「わたしはある」という名前を持っていること、「わたしはある」という方に叫び続けていると自分が「ある（存在する）もの」になっていくこと。

それらのお話は私が出会ってきたジョアン・ペソアの共同体の人々の信仰の姿と重なって、深くうなずくものがありました。奴隷の苦しみを、いまだに現実の生括の中で引きずっている人々の叫びに、神がこたえて自己開示なさっておられる、彼らとともに主イエスが歩んでおられる、そのことが私のこころを惹きつけてやまないのだと、ブラジルの民の霊性の深さの秘密をそこに見出せたような気がしたのです。

その翌年、私は日本聖書神学校の聴講生として木田先生の旧約学の講義を受講することになりました。そして、いつか木田先生にブラジルの大地とそこに生きている人々をお引き合わせできたら、という願いが芽生え始めました。それを温めているうちに、今回ついにそれが実現の運びとなったのです。初めて堀江神父と出会った年から、ちょうど一〇年の歳月が流れていました。
人と人との出会いをそなえ、人格的な交わりを通して神のみわざがなされていく不思議を思います。

（サンパウロ通信第五号・一九九八年四月一三日発行）

園長を落第しました！

宣教師としてサンパウロに遣わされて、私に与えられた最初の任務は、主に教会付属幼稚園の園長の仕事でした。五〇歳になってからの、初めてづくしの仕事にはいろいろな苦労もありました。職員の人たちの個人的な問題にも関わりながら、毎朝、いっしょに聖書を読み、祈りをもってキリスト教保育の実践に努めてきました。私なりに、子どもたちとの生活に喜びを見出しながら、精いっぱい取り組んできたつもりです。

ところが、そのうちに幼稚園の問題が内外ともに私の技量を超えるほどに重く大きく膨れあがってきて、とうとう任期の半ばで私は幼稚園を退職せざるを得なくなったのです。その際、自分の牧師としての立場も否認されるような申し渡しを受け、いったん、宣教師としての職務をすべて失うような形となりました。そして園長の職務を引き継いだ主任牧師の小井沼も、園児減少による財政難に追い込まれ、結果として今年の七月末をもって、教会は幼稚園経営を断念せざるを得なくなったのです。

これらの事の顛末《てんまつ》を暗示するかのように、毎朝、園児の登園を待って外に立っていた私の脇で、黙って立っていた「一本の木」は、新芽を吹かずに枯れていき、とうとう今年の二月に根こそぎ切り倒されてしまったのです。私が友だちのように思っていたこの木の無惨な姿に、私自身の姿を重ね合わせて見ていたように思います。

それは、ある意味で、私にとって主イエスの受難物語を自分の身に引き付けて味わう体験だったという気がします。追い詰められ、苦しみにもがきながら、こころの奥底に聖書の記すひとつの道筋を感じていたように思います。この「死」を通らなければ、本当の意味で私が宣教者として「復活」しえないと。

四月から七月まで、しばらく幼稚園の現場から逃れて、アメリカの長男夫妻のところに身を寄せていました。そこで、自分の献身の道について、もう一度白紙に戻して神の前で問い直し、祈り、思いめぐらす日々を過ごしました。自分は一体どう生きたいのか、どこで、誰と共に生きることを選びとるのか。

そんなある日、私に一通の手紙が届いたのです。それはノートの一ページを切り取ったシンプルな手紙でした。ここ六年越しに交わりを続けてきたジョアン・ペソアの貧しい共同体の信徒リーダーであるマリア・ロドリゲス・ジ・コスタさん、通称マリア・ガレーガ（金髪のマリア）さんからのものでした。向こうの人たちが、私の来訪を待っているというのです。旱魃《かんばつ》に苦しむ東北伯のニュースを新聞で見て、彼女たちの身を案じていたときだけに、その手紙はとても嬉しいものでした。「私はブラジルに戻らなければ！　どうしても彼女たちに会いにいかなければ！」との思いに強く動かされました。

三カ月ぶりにサンパウロに戻った私を、教会の方たちが喜んで迎えてくださり、私が立ち上がれるように周りの多くの人々の温かな心配りを頂きました。私は「牧師（パストーラ・羊飼い）」として教会に赴任したつもりでいたのですが、実際は、傷ついた弱い羊飼いを、優しい羊たちがぐるっと囲んでガードしてくれているような格好でした。

その後、遠い東北伯のジョアン・ペソアに、言葉の障害を乗り越えて一人で再訪を果たしてきました。そこでの人格的な出会い、こころの交流は私を根底から再生させる力となりました。いわば、ブラジルの大地に捨てられているような形で生きている人々の間に、濃密に臨在しておられる神に出会い、たっぷり愛され大切にされた思いを味わうことで、すっかり癒やされている自分を発見したのでした。

こういう次第で、初めの一期は、あらゆる面で訓練の期間だったと思わされます。今回の挫折の体験を通して、様々な角度から自己吟味し、内省を深めることができました。自分の限界を見つめながら、それでもなお小さな者を、期待をもって訓練してくださる神さまに全幅の信頼を寄せて歩んでいこうと、思いを新たにしています。

日本語による日本流の保育を内容とする幼稚園の仕事は、サンパウロに移り住んでも、ある意味で日本的生活から一歩も出られないものでした。その仕事から二年で解放されたのは、私が外に向かって押し出されていく契機となるのではないかと、積極的に受け止めることができるようになってきました。これからポルトガル語の習得に本気で取り組んで、ブラジルの大地で生きている人々ともっと出会い、交流を深める方向で、宣教の新しい夢をふくらませているこの頃です。

（サンパウロ通信第六号・一九九八年一一月二九日発行）

ブラジリアでの出会いと学び

今年、私は新しい宣教活動に向かうための準備の時を過ごしています。何よりもポルトガル語習得が先決問題ですから、一月末に思い切ってサンパウロを出発し、四月末までブラジリアにあるカトリックの「宣教文化センター」で、宣教師のための語学研修を受けてきました。

今回の研修には、世界の一三カ国から三〇名の宣教師たちが集まって、生活と学びを共にしました。その内訳は、ヨーロッパからイタリア九名、ポーランド三名、フランス、ドイツ各二名。アメリカ大陸からは合衆国二名、メキシコ、ペルー、アルゼンチン各一名、コロンビア二名。アジアからはインドネシア三名、インド二名、日本人は私一人でした。そしてアフリカのコンゴから一名という顔ぶれで、世界の四大大陸から宣教師が集まり、男女の比率もちょうど一五人ずつ。ほとんどがカトリックの神父やシスターたちでしたが、信徒宣教師も四名、またプロテスタントは私のほかにドイツ人女性が一人いました。

センターでは三カ月間ほとんど毎日夕方からセレブラソン（祝祭＝礼拝のこと）をし、カトリック信仰の霊性の中で自分が整えられていく日々を過ごしました。語学の勉強のほかにブラジルの教会や社会の現実について学び、ほかの国々の文化にも触れ、宣教師たちとの人格的な出会いと交わりの中で、互いに学び合いました。他国の人たちとの関わりの中で、逆に「日本の良さ」についても新たな発見がありました。例えば、日本人の特性として他人を気にする感受性や配慮の細やかさは、日本にいるとストレスとなってマイナスに作用しがちですが、ここでの人間関係ではとても喜ばれました。

ポルトガル語の上達という点から言いますと、悲しいかな、日本人がヨーロッパやスペイン語圏の人たちといっしょに語学訓練を受けるというのがいかに不利な条件かを身に染みて味わったと言うよりほかありません。ほかの宣教師たちの数カ月の滞伯期間に比べて、私の場合、今回の滞伯年数だけでも三年、まして前回の五年間の駐在生活を入れると八年の長期にわたってここにいるというのに……。

繰り返し勉強してきたので文法だけはめっぽう強いのですが、会話の時間になると口数は少なくなり、新聞記事読解や講演などの聞き取りになりますと、「いい加減」な理解をする一人でした。縦文字の頭脳に横文字の回路を作るのは大変です。そして私の頭は三〇代の時のようには機能しませんから、なおのこと。これからも地道に努力していくよりほかにありません。

そのようなハンディにもかかわらず、持ち前の度胸と愛嬌で（?·）、共同生活に関しては、皆と打ち解けて過ごせたのではないかと自負しています。センターの世話役のブラジル人シスターが「マキコはとてもほがらかね。宣教師にとってはそれが何よりですよ」とほめてくださったので、少々言葉の理解力が足りなくても宣教師としては合格したようです。

私たちは毎週金曜日の夜、それぞれの自国の文化を紹介するフェスタ（祝会）をしました。研修が始まって二週目にアジア合同でフェスタをしたときには、持参したゆかたを着て、「私はこんなに小さいので日本全体を背負って立つことはできませんが」と前置きしてから、たどたどしい言葉で日本の文化を紹介しました。それから自分で歌いながら「炭坑節」を踊り、また皆で「ジャンケン遊び」をしました。盆踊りはことのほか気に入られ、別の機会にも「お座敷」が掛かって踊ることになりました。

三カ月の研修生活を通して一番強く印象に残ったのは、ブラジル・カトリック教会の現在の動きや庶民の信仰生活に触れたことです。カトリック信者の大半は社会の中で中流か、それ以下の貧しい「民衆」です。その「神の民」が約束の地を目指して荒野を旅していく姿がカトリック教会のイメージであることは以前から言われてきたことでした。「ブラジル全国司教会議」（Conferência Nacional dos

Bispos do Brasil＝CNBB）は公的な教会の指導を担っている上部組織ですが、彼らが必死になって守り導こうとしている教会は、最底辺の民衆を中心に置いていることがよくわかり、それが私にとって最も敬意を覚えたことです。

例えば、司教会議が定めた今年の四旬節（カーニバル後から復活祭までの期間で「受難節」とも言う）の兄弟愛運動（Campanha da Fraternidade）のテーマは「失業」でした。「職がない……なぜ？」という標語を掲げて基礎的な学びのテキストを作り、テーマに即した「祈り」「賛美歌」を日々のミサで繰り返し使い、そのほか、ビデオ、ポスター、新聞、テレビでの宣伝など様々な手段や材料を使って、社会全体に対して今日の失業問題への理解を促し、失業者たちへの関心、連帯、祈りの促進をはかっていました。新聞、雑誌も司教会議の運動について賛否両論取り上げて論評し、今年はこの運動にメソジスト教会も協力し、エキュメニカル*な展開が見られたと報じていました。

四旬節の最後の一週間セマナ・サンタ（受難週）に、ブラジリア近郊の町タグアチンガで、カトリック信徒の一般家庭にホーム・ステイをして実習をしました。私を受け入れてくださったのは、信仰心篤《あつ》くシンプルで温かな家庭でした。恐らくブラジルの庶民的カトリック家庭の模範ではないかと思います。ご主人は小さな飲食店を経営している人で、新しい家の二階には、家族のために小さな礼拝堂がありました。毎晩、寝る前にお父さんが家族四人と、二人の住み込みの使用人もいっしょに集め、そこで聖書日課を輪読し、お祈りを唱えてから休むのです。お母さんも実によく働く人で、優しい穏やかなこころの持ち主でした。このセニョーラは教会の典礼委員としても奉仕し、予備校生の娘さんはカテキスタ（教理教育指導者）です。私はそこの家庭で、片言しか話さない幼い娘の一人になったように安心して過ごしました。折り紙教室や日本食の昼食会をして近隣の人たちとも文化交流ができました。

この家族の一員として、カトリック教会のセマナ・サンタの一連の行事に初めて参加し、興味尽きないものを味わいました。大勢の信徒たちにまぎれこんで、民衆の生活の中に染みこんでいるカトリック信仰の伝統に触れ、今まで私が知らなかった新しいイエスの姿に出会っている体験だったような気がします。そして、兄弟愛運動のテーマがこの庶民の信仰行事の中にきちんと取り入れられていました。失業者と連帯するこころを祈り求め、すべての人が尊厳を持って仕事をすることができる、排斥のない社会を希望する歌がうたわれ、聖体の分かち合いが行われるのです。庶民が教会の権威を尊び、神父たちシスターたちの献身的な奉仕によって、全体がいきいきと福音に動かされていると私には感じられました。

この実習期間に、貧しい人々が土地を獲得して二年になる共同体を、二人のイタリア人シスターといっしょに訪ねました。まだ道路にアスファルトが敷かれていない地域でしたが、教会堂を建てる共同作業に多くの人たちが協力したとのこと。神父が毎週ミサを立てに行くと、会堂は民衆であふれるほどになるのだそうです。信徒の大半は失業者で一体どのように生きているのかわからないが、とにかく貧しい人たちは乏しい物をよく分かち合って生きているというのです。ここでも「五つのパンと二匹の魚の奇跡」が毎日起こっているのでしょう。医療も教育も整わない劣悪な生活環境の中で人々が自暴自棄にならないで、福音を聞き、そこから力を与えられ、お互いに助け合って生きている現実に接し、私たちはこころ燃やされる思いでした。信仰共同体が形づくられていくところに希望を感じています。

新聞記事によりますと、失業が続く中で男性は絶望感からすべて投げやりになり、ヒゲは伸び放題、身なりを顧みなくなる。女性は失望と悲しみのとりこになり年齢以上に老け込んでいくとのこと。司教会議の運動は、現実の失業問題の解決策には直接結びつかなくても、民衆にキリストの福音の光を投げかけ、希望を与える働きをしているようです。

（サンパウロ通信第七号・一九九九年六月一五日発行）

＊　キリスト教会が組織や教派の違いを超えて宣教協力すること。

解放の角笛響きて

主の年二〇〇〇年、五〇年ごとにめぐってくる「ヨベルの年」（レビ二五・八〜一〇）[*1]でもあるこの特別な年を、皆さまどのように歩んでおられるでしょうか。

私の人生にとって、初めてでこれきりしかめぐってこない「ヨベルの年」なので、解放の角笛が鳴り響いているような、喜びにあふれる新年を迎えました。過去五〇年の一切の負債を神さまが一方的に帳消しにするというのですから、私の人生がほとんどすっぽり買い戻されることになるわけです。過去に受けた傷もすべて癒やされ、また私の罪もすべて赦されたのだから、神さまからの愛をいっぱいに満たして人との絆を新たに始めさせていただこう、そう思うとこころから軽やかで明るい気持ちが湧いてきました。

ここブラジルでは、今年はブラジル「発見」五〇〇年という歴史の節目でもあり、様々な催しや記念式典がこの一年を通して繰り広げられています。しかし、発見日の四月二二日に政府がもくろんだ大掛かりな祝典は、準備がずさんで見事に失敗。裏腹に、これまで隠されてきた歴史の暗部も一挙に明るみに出てきました。特に、痛めつけられ差別され続けてきた先住民の人たちが、政府に対し抗議の実力行動を連日のように展開しています。

さて、ブラジルのカトリック教会は四旬節（受難節）に「兄弟愛運動」という信徒教育活動を行っています。今年は初めて主要七教会[*2]で構成されているキリスト教会協議会（ＣＯＮＩＣ）が四年前から準備したというテキストのもとでエキュメニカルな兄弟愛運動が展開されました。テーマは「人間尊厳と平和」で「（社会的）締め出しのない新しい千年紀を」という標語をかかげています。

昨年から聞いていたのは、来る二〇〇〇年はエキュメニズムをテーマにするということでした。しかし、実際始まったのは、エキュメニズムを目的とせず、「傷つけられた人間尊厳の回復と平和の実現のために、教会がひとつになって（エキュメニカルに）協力していきましょう」という形になっていました。私はこの運動の形にこそ、エキュメニズムの神髄が表されたと理解しました。歴史的に分断と対立を繰り返してきた教会の姿が、互いの個性を尊重しながらひとつにさせられていくとしたら、それはやはり「小さな子どもに導かれて」実現していくのだろうと思います（イザヤ一一・六参照）。

ブラジルを導く「小さな子ども」は、尊厳を傷つけられた最も弱い人々、子どもたちや先住民や貧しい女性たちでしょう。今年の基本のテキストはそれらの人々の実態を例に挙げて具体的に報告しています。そして主イエスがこのような締め出されていた人々を共同体のまん中に立たせたことを伝えるマルコ福音書の記事（マルコ九・三六）を取り上げて、私たちの信仰を新たにし、希望を与え、具体的な行動へと促しています。

二月の四回の土曜日を使って、この兄弟愛運動を推進するためのフォルマサォン・エクメニカ（エキュメニズムの育成）という集会が、私たちの教会の近くのカトリック系高校を会場に開かれたので参加してきました。毎回一〇〇名前後の人々が集まりましたが、多くは女性たちでした。どうも男性たちはエキュメニズムに関心がないのか、土曜日は牧師たちにとって出にくいこともあるからか、影が薄いです。もっとも教会のメンバー自体、女性が多いのですから仕方がないのかもしれません。

集会では、

①今年のエキュメニカルな基本テキストの成立過程と内容について
②テキストで取り上げられているマルコによる福音書の聖書研究
③女性差別の問題
④実践活動への足掛かり
という順序で毎回講師が話し、そのあとで参加者のグループ懇談、全体の意見交換がありました。

私は言葉の壁にまださえぎられていて、もうひとつというところで内容がよく聞き取れず、傍観者でしかないのが本当に残念です。けれども、参加者がお互いに自分たちの実践活動について話をするとき、とても情熱をこめて、いきいきと話すので感心させられました。

連帯するのが難しいとされているペンテコステ派教会の人たちに働きかけ、協力関係をつくっているというカトリックの黒人シスターの証しに、会場内は感動で満たされました。

また、女性差別の問題が取り上げられた日には、一人のファヴェーラ（スラム）に住んでいる女性が話しました。

「自分が貧しいゆえに、黒人であるために、そして女性という理由であらゆる差別を日々体験しているけれども、神さまからの愛が何よりの力です。現実から逃げないで立ち向かっていく勇気を与えられ、頭を上げさせられています」

私の胸に熱いものがこみあげてきました。いろいろな人たちの発言を通して、それぞれが自分たちの現場で弱い立場の人たちと連帯して生きていることが伝わってきました。

二回目の集会の時、指名されて最後の祝祷を日本語でするように招かれ、光栄の至りでした。日本の教会を代表してブラジルの教会のエキュメニカルな動きに敬意を表し、連帯していきたいと挨拶しました。すると、集会が終わってから、数人の日系女性が挨拶に来てくださり、日本からの宣教師が参加していることを喜んでくださいました。

このフォルマサォン・エクメニカはブラジル全土の主要都市で行われたとのこと、都市の数や全体の参加者人数は情報を得られませんでしたが、かなりの規模の運動だったようです。実際の四旬節に各教会でどのように今年のエキュメニカルな兄弟愛運動が展開したのか、残念ながら私はサンパウロ福音教会にいたので、ブラジルの教会の動きにじかに触れることはできませんでした。音楽も今年は各教会から提案された一三の歌がテキストに載っています。歌詞といい、曲といい、新しい良い賛美歌がブラジルで次々に生まれています。

最後に、私は二〇〇〇年の三月末をもってサンパウロ福音教会の担任教師の任期を終え、退任しました。いよいよ夫の仕事から独立して、独自の宣教活動を始められることになったわけですが、実際は決まった仕事がなくなり、牧師の妻として、夫の仕事を補佐し、お年寄りを訪問したり、役員会の食事作りをしたり、バザーのための手仕事などに励んでいます。女性の牧師はどのように自分の牧師職を果たしていけばよいのか、今、祈りつつ探しているところです。ここに身を置いているだけで意義があると自分を肯定するように努め、神さまからの呼び出しを待っています。

唯一の定期的活動は、二月から週に一度、路上生活者のための支援共同体（メソジスト教会とサンパウロ市の共同事業）でミシンかけ指導のボランティアを始めたことです。中古のミシン二台を教会から寄付したことがきっかけで、数人のポルトガル語（以下、「ポ語」と略す）が話せてミシンかけのできる女性たちに呼びかけて、手探りで始めました。いろいろと試行錯誤しながら、簡単な袋物作りなどしています。裁縫など一番苦手と思い込んでいた私自身がのめり込んでミシンかけをするようになった、その変身ぶりに教会の婦人会の先輩方は驚いているようです。持たない人たち（技術や機会や用具を）と出会えたおかげで、持っていても使わずにいた私のミシンや能力が引き出され、用いられる喜びを味わっています。ささやかですが、私なりにやっとブラジル社会の底辺で生きている女性たちと友だちとして出会える場が生まれたことをとても嬉しく思っています。私の方が彼女たちの生きる力を分けてもらっています。

（サンパウロ通信第九号・二〇〇〇年六月一日発行）

＊１　古代イスラエル社会において遵守されるべき律法のひとつとして、レビ記二五章で耕作地を七年目に休ませる安息年を定め、さらにその安息年を七回繰り返した翌年、五〇年目に、角笛を響かせて解放を宣言し、すべての住民は負債から解放されて自分の所有地に帰ることができると定めています。それが「ヨベルの年」の原初の規定で、貧しい人々に対する驚くべき救済法です。ルカ福音書の記者は、イエスがガリラヤ宣教を開始された時、イザヤ書六一章を開き、抑圧と貧困に苦しむ民衆に解放と自

由を宣言し、「主の恵みの年」（ヨベルの年）の実現を告げられたと記しています（ルカ四・一八〜二二）。

＊2　カトリック教会、ルーテル教会、バプテスト教会、聖公会、合同長老教会、メソジスト教会、シリア正教会が加盟。そのほか、いくつかのキリスト教団体（CESE、CEBI、KOINONIAほか）が参加。その後、メソジスト教会とシリア正教会が脱会したので、二〇二三年現在の加盟教会は五教会。

言《ことば》の内にいのちがあった

今年は西暦二〇〇〇年、ブラジル「発見」五〇〇年、横浜港南台教会創立二〇周年という記念すべき年にあたっていて、この「サンパウロ通信」は今回第一〇号を皆さんのお手元にお届けすることになりました。

ただの偶然と言ってしまえばそれまでですが、このめぐり合わせの妙には、実際、意外な特典も付いていました。ブラジル航空は運賃を特別割引し、横浜港南台教会は二〇周年記念として秋吉先生のブラジル研修費を増額。結果として悦子先生にご同伴いただいても「共に歩む会」からの出費は最低限で済みました（なんという神のご配慮！）。ブラジル旅行の思い出をご夫妻で共有していただき嬉しかったです。

介護福祉士の佐野淳子さんは、去年日本に帰った私に、「もう貯金がたまったからいつでもブラジルに行けるわ」と声をかけてくださったので、今回ごいっしょに来ていただきました。そして、私たちの末息子・広嗣が、ひと足早く来伯しており、総勢六人の「出会いの旅」となりました。

いつになく寒いサンパウロで、皆コタツに潜り込んで暖をとり、今まで一度も使ったことのなかった電気シーツが役に立ったほどです。

あれから三カ月たち、今サンパウロは一番美しい季節。寒さを通過した今年は、大木が一段と美しく花を咲かせ、空にも地面にも黄色や薄紫の彩りを添えています。新緑の木立にそよぐ風に身を任せて歩いていますと、いろいろな旅の情景、語られた言葉の数々がよみがえってきて私はまだ旅の余韻の中にいるようです。

「今度来るときはきっと誰かといっしょに来ます。日本からの訪問者を案内しますね」と、宿を提供してくださった友人のRさんに約束したのは一昨年。四度目に一人でジョアン・ペソアを訪問した時です。

そして、今年、記念すべき二〇〇〇年にそれが実現しました。もとより私がブラジル宣教師になった一番の動機は、物質的にも知識や技術においても最も富んでいる日本のキリスト者たちと、ブラジルの中でも最も痛みを負っているノルデスチの信仰共同体の人たちを引き合わせる役目をしたかったからです。

拙い通訳でしたから、饒舌《じょうぜつ》な対話ができたわけではありません。しかし、簡素な言葉のやりとりの中でかえって何か大切なことをお互いに分かち合ったという気がしています。

私たちを昼食に招いてくださったマリア・ガレーガさんに秋吉先生が「あなたにとって共同体とはどんな意味を持つところですか」と尋ねました。すると彼女はためらうことなく、「共同体は人々がひとつになるところです。そしてもう一人の仲間を捜していくところです。また、ひとつとなってどうしたらほかの人たちを助けることができるか求めているところです」と明快に答えてくれました。これらの言葉は彼女が日々身を粉にして奉仕している生活から生まれている神学です。

「すごいねェ！」我らは返す言葉もなくうなずくばかりでした。

夜、秋吉先生と広嗣だけセレブラソンに参加しました。悦子先生と淳子さんは疲れて先に帰られたからです。

その地区は神父が月に一度しかミサを立てに来ないので、その日はマリア・ガレーガさんが司式をしました。質素な礼拝堂で、素朴な長椅子に大人も子どもも合わせて三〇人くらいが座っています。調子はずれのギター伴奏で賛美し、男の子たちが打楽器を打ち鳴らして元気をつけてくれました。マリアさんは実に堂々としていて「女性司祭」と言ってもよいくらいでした。私は、Tシャツ姿の彼女の威厳に満ちた司式の様子に、大変励まされました。

礼拝が終わり、マリアさんは秋吉先生に感想を聞かせてほしいと言いました。先生は皆の前に立って、一言ずつ通訳を介しながら語ってくださいました。

「皆さんが本当に明るく元気いっぱいに賛美しておられるので感動しました。昼間ここの地区を歩き、とても貧しく困難な状況であることも知りました。けれども貧しいことは恥ずかしいことではありません。恥ずかしいのは人間のこころを失うこと、人間としての尊厳をなくしてしまうことです。皆さんはお互いに助け合って生きておられます。私はこれからまた地球の反対側に帰っていきますが、皆さんのことは決して忘れません」

秋吉先生が語り終えたとき、パチパチと拍手が起こりました。続いて私たちは日本の讃美歌として「主の食卓を囲み」(『讃美歌21』日本基督教団出版局、八一番)を歌いました。「マラナ・タ、主のみ国がきますように」。

このとき礼拝堂に満ちていたお互いの気持ちの高まりをどう表現すればよいでしょう。

私は繰り返しこの時の情景を思い出しています。そしてこの地区を担当しているマルコ・アントオ神父の言葉を思い出し、味わっています。

「私たちは人と人との関係性の中で生ける神に出会うのです」

佐野淳子さんは、サンパウロで二日間にわたって老人介護講習会を実施し、今回の旅行の目的をしっかり果たしてくださいました。その種は急成長してデイ・サロン「シャローム」が発足。世話人とボランティア会員合わせて一七名がそろい、去る一〇月二四日から二名のお年寄りの参加を得てデイサービス活動が開始されました。そのほかにも、日本で介護専門学校の講師をしておられる友人からたくさんの資料やアドバイスをいただきました。
こうしてこの年、願ったとおりに私にとって新しい出発の年となったのです。感謝というよりほかにありません。

（サンパウロ通信第一〇号・二〇〇〇年一一月一五日発行）

いのちを分かち合う日々

小さなシャローム

昨年の一〇月末から、利用者二名で開始したデイ・サロン「シャローム」は、日を重ねるごとに仲間を加えて、今やほぼ定員の一〇名に達するところです。協力するスタッフは世話人とボランティア合わせて二〇名。利用している方たちは八五歳から九三歳、そして少し若くて七七歳が一人。うち、女性が八名、男性二名。元気な方は二名であとの方たちはそれぞれに高齢ゆえの問題を抱えています。しかし、なんと一人ひとりの個性が違うことでしょう。新しい仲間が一人、また一人と加わるたびにサロンは彩りを増し、豊かになっていくのを感じさせられています。

会場のサンパウロ福音教会は交通の便がよく、ちょうどデイサービスに必要な設備がそろい、スペースもほどよくこじんまりしていて最適の場所です。難点は一階にトイレがひとつ（一人用）しかないことと、シャワーの設備がないことです。しかし、今のところこの環境で、できるかぎりのサービスを提供しています。

利用者の方たちは毎週火曜日を楽しみに来てくださいます。なんといっても素晴らしいのは、知らない者同士だった方たちがお互いに関わり始め、親密になっていくさまを見せていただけること。お互いの間に強い友情が芽生えていく様子は、見ていて本当に美しいものがあります。

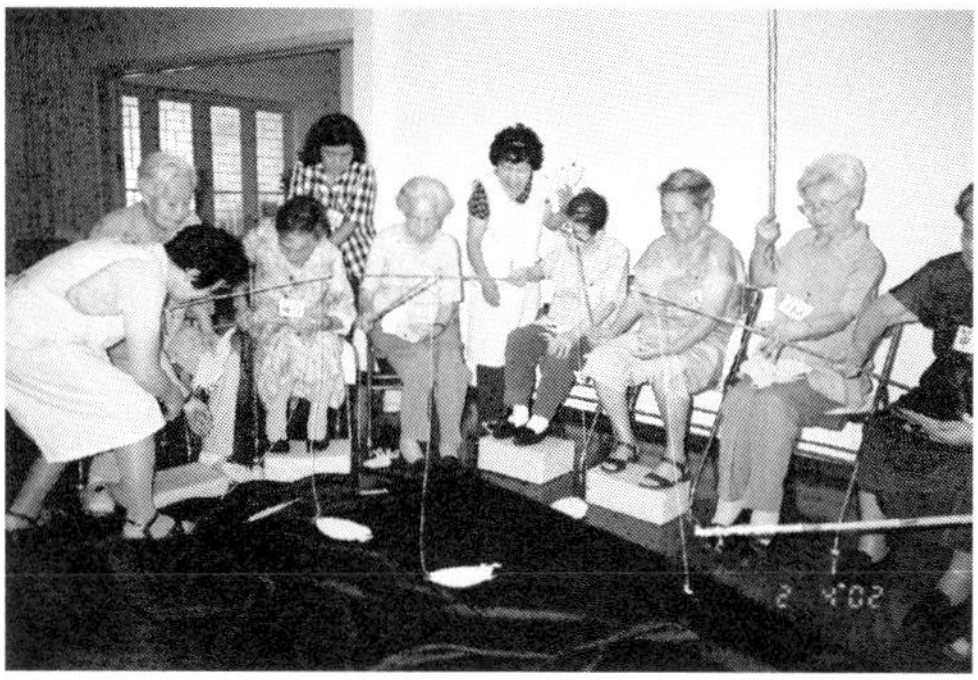

魚釣りゲームを楽しむ（2002年4月2日）

初めの頃、お互いに口を開ければ年をとることの辛《つら》さや嘆きが漏れていました。

でも、愚痴の中にも、皆が吹きだしてしまうようなユーモアが。

「目は見えなくなる、耳は遠くなる、足はよろけるし、おしゃべりしていると入れ歯が飛び出すの。これがほんとの『はなし(歯なし)』ね。未来に希望がない人間を老人と言うのね」

「さすがァ！」と感嘆するようなせりふがおしゃべりの中でひょいと飛び出し、サロンは笑いが絶えません。

そして半年たった今は嘆きの声はほとんど聞かれなくなり、一週間に一度の交わりの時をこころから楽しんで過ごしておられます。「いつ死んでもいいや」と思っていた方は、「もっと、もっと生きて最後まで人生を楽しみたい」と言うようになられ、「私は社交下手で……」と、おしゃべりの仲間に入れなかった方も、今ではよい笑顔で足の不自由な友だちに手を貸すこころ遣いを見せておられます。そんな先達方の変化を見るとき、人が関わり合って共にいることの大切さをよくよく教えられる思いです。どんなに高齢になっても、人間は関わり合いを通して成長する可能性を秘めている。実際にそれを目の当たりにするとき、私たち「若い者」も、生きることへの希望にあずかっているようです。

毎回、ボランティアたちも楽しんで、それぞれ持っている力を出し合って奉仕しています。高齢者へのデイサービス活動は皆初めての体験で、内容は手探りですが、皆でこころと手間をかけていることは確かです。「温かいいたわりの中で過ごすひとときは私にとって何よりの喜びです」と、ある利用者の連絡帳に書かれていました。「ここのボランティアはえりすぐりの人たちよ」と評する人もいます。私も同感。いろいろな人たちと協力して創り出す楽しさ、こころ強さを日々体験しています。

このように年齢の違いを超えて皆がお互いのいのちを分かち合って過ごすひとときに、小さなシャローム（平和）の萌芽を感じさせられています。

ここまでの道のり

前回の通信で、デイ・サロン「シャローム」が発足し、活動を開始したことを書きましたが、それを読んだ友だちの一人が「あなたがお母さまの介護をしていたときから、こころの中で温めてこられたことが実現して、さぞいきいきと活動していることでしょう」と手紙を下さり、感慨深いものがありました。そういう道筋を見つめてくれていた友のまなざしに勇気づけられる思いでした。

母の介護に全力投球していた時には、のちの日にこういう形でそれが活かされるとは夢にも思っていませんでした。ただ三〇代で介護の体験を与えられた者には、きっとそれなりの社会的役割が出てくるはず、という思いが私を前向きに駆り立てていたのは事実です。

母を天に送った翌年の一九八六年に、サンパウロに駐在員として赴任。その頃から移民一世の高齢化問題が周囲の人たちの話題に上がっていました。

九〇年末に献身の決意を持って帰国し、牧師になるための学びをしながら、横浜市でホームヘルパーとして約三年間実践の場を踏みました。再びサンパウロに宣教師として赴任することが決まったとき、私のなすべき宣教奉仕のひとつは高齢者のケアだと思っていました。けれども実際、最初に与えられたのは幼稚園の仕事でした。

しかし幼稚園の仕事を二年で辞任せざるを得なくなり、結局、新しく高齢者への奉仕がこのように始まってきました。しかも、幼稚園での経験や道具までが、今全部役に立っているのです。これらの経緯を振り返ると、本当にそこにはっきりと神の導きのみ手を見る思いがします。

サンパウロ福音教会での任期が終わりつつあった昨年二月から、福浦利明さんという別の日系教会に属する方と二人で、高齢者への奉仕活動の準備会を始めました。

福浦さんとの出会いは、サンパウロ福音教会のポルトガル語部の指導を依頼するためアライアンス教団のルージラモス教会と協力関係を持つようになったことがきっかけでした。福浦さんは定年退職して以来、教会の高齢者を世話する中で老人介護の問題を考え、何か自分にできることはないかと五年も祈ってこられたというのです。ちょうど二〇〇〇年に際し、今年こそ何か新しいことを神さまが始めさせてくださるのではないか、そんな気がすると話してくださったとき、私はこの方こそ私が出会うべき人だ思いました。

日系社会で何か新しい活動を始める場合は、やはりこの地で長く生活してきた人たちが中心になって事を進めていかなければと思っていました。日本から来たばかりの人間では、人脈もなければ、土地勘もなく、ここの生活事情にも疎いので、皆をひとつにまとめていくことはできないでしょう。まして、日本以上に男性中心的な風土の日系人社会では、男性が中心になる方が何かと良いのです。福浦さんは、ルージラモス教会を家庭集会から今の教会へと導き育ててこられた信徒の代表。新しい活動の代表者としてうってつけの人物です。初めは少し引っ込み思案だった福浦さんも、今では「シャローム」の代表者として残りの人生をかけていこうという気概を見せてくださり、頼もしいかぎりです。

おいしい昼食

さて、私たちのサロンが一番自慢にしているのは、なんといってもここの昼食です。調理を担当する中心人物、天野武さん（故人）、貞代さん夫妻は、リベルダージの日本人街で老舗として定評のあったレストラン「日の出」を長く経営していた方たちです。しかもサンパウロ福音教会の会員で、ずっと以前から日系人の高齢化問題に関心を持っておられました。

二年ほど前に良い後継者が現れたのを機にお店を手放され、武さんは日本で介護食の研修を三カ月間してこられました。

その間に、実はもうひとつ、武さんがアメリカの長女夫妻のところに立ち寄って、突然、洗礼を受けるという奇跡的な出来事が起こりました。天野さんの家庭は武さんを除く家族が皆クリスチャンなので、武さんは長いことプレッシャーやら孤独やらを感じておられたにちがいありません。貞代さんの篤いお祈りが、ついに時を得て聞かれたのでしょうが、貞代さんの見ていないところで急に洗礼を受けたというニュースに教会中びっくり。でも、皆大喜びでした。

それからしばらくして天野さんの家を訪問した折、私は思わず熱を入れて当時始まっていたデイサービス準備会の話をしていました。天野さんが日本に研修に行かれた時から、このめぐり合わせに摂理を感じていたのです。すると、天野さんご夫妻もすぐにこころを動かしてくださり、協力してくださることになりました。少しあとになって、武さんいわく、「日本に介護食の勉強に行く時は、家内の持病もあったし、周りでも健康に問題を持っている人が皆食べ物のことで苦労しているから、きっと役に立つだろうと思ったのです。でもこころのどこかで何かこういうことが起こるんじゃないかという予感がありましたね」。

そんないきさつがあって、天野さんご夫妻は今までの長いキャリアを社会に還元するきっかけを「シャローム」の奉仕に見出されたようです。栄養のバランス、低カロリー、おいしい、食べやすい、見た目に美しいなど実に行き届いた配慮をして、毎回綿密な献立表を作ってくださいます。そして買い物、下ごしらえ、当日の調理指導をしっかり担当しておられます。こんな、まごころのこもった一流の和食はそう食べられるものではないと、参加者は皆感謝しておいしくいただいています。「ここの食事が一番楽しみだよ」と言い、バスで二時間もかけて参加している男性もおられるほどです。

ボランティアの協力で、献立は毎回写真を撮り、レシピはコンピューターに打ちこんで、後日、介護食の本にまとめてより多くの人たちに喜んでもらおうという計画も生まれています。

小さな活動ですが、この先いろいろな発展の可能性を秘めている私たちのサロンは、日系社会で初めてのデイサービスの場だということです。

（サンパウロ通信第一一号・二〇〇一年六月八日発行）

その後の便り

寒さが行きつ戻りつしながらも、ジャカランダの花の季節となり……ゆかしい思いに駆られているうちに、一〇月の第二週の日曜日から夏時間も始まりました。クリスマスが近づく頃には午後の八時頃まで日が暮れない夏日となります。

一時帰国

七月に一時帰国したときに、実に五年ぶりに家族六人（三年前から長男の妻が加わる）が一人も欠けることなく顔を合わせることができ、楽しいだんらんの時をもちました。青年になった息子たちの姿が珍しくて新鮮でした。脳裏にあるのはいつも彼らの幼顔ですから。遠い国で夫婦二人きりの生活はやはり何かにつけこころ寂しいもの。特にクリスマスやお正月の時期は思いが募ります。いっしょにいられたのは数日間でしたが、期間の短さがかえって良いのでしょう、家族がお互いのあら探しをしないで別れました。特に次男が「夫婦仲良くね」と別れ際に釘をさしてくれたので、息子たちに心配かけないように、歩幅の合わない二人三脚をなんとか続けています。

帰国中の日本はアマゾン地帯もかくやと思うほどの酷暑に見舞われ、短い滞在期間の過密スケジュールを汗だくでこなしました。今回の帰国では、友人たちの協力をいただいて高齢者のデイサービス活動を五カ所見学することができて有益でした。日本で得られたたくさんの収穫を、帰伯してすぐあとの「シャローム」後期準備会で披露し、私たちの活動にも使えそうな物やアイデアをさっそく取り入れてみました。ちょっとした工夫や用具でとても改善された感じがして喜ばれています。

老人週間

さて、ブラジル日系社会では毎年九月の第四水曜日に「老人週間」という行事が、サンパウロのブラジル日本文化福祉協会記念講堂で行われます。朝早くからたくさんの日系高齢者の方たちが来場し、血圧測定や糖尿検査など健康チェックを無料で受けるため、長い列をつくります。そして午前九時半から午後四時まで、各種の講演やダンスや演歌のショーなどで一日を楽しく過ごすのです。今年は三二回目で、ブラジルの各地から約七〇〇名の参加があり、「生きる楽しさとの出会い」というテーマのもとに行われました。

この「老人週間」の主催者の中に、昨年佐野淳子さんの老人介護講習会の時に通訳として協力してくださったNさんがおられ、デイ・サロン「シャローム」について話をしてくれないかと依頼がありました。デイサービスという地域福祉についてまだ多くの人がなじみのないこの日系社会に対して、ひとつの広報活動になる良い機会と思い、お受けしました。

会場には「シャローム」を紹介するパネルを二枚展示しました。中央に貼った写真には利用者の方たちの輝くような笑顔があり、「一人ひとりの生きる願いを大切に」という標語がとても引き立って見えました。

日本での宣教報告会の参加者はせいぜい五〇名、今度は七〇〇名の聴衆です。そんなに大勢の人の前で話をするのは初めてのことで、とても緊張しました。でも、「シャローム」の仲間たちが応援に駆けつけてくださり、また話の内容は、日頃親しく接している利用者たちの様子や会話の紹介でしたのでこころ丈夫でした。

どんな状況にあっても生きる楽しさをくみ上げることができる秘訣は、人との関わり合いの中にあること、人間はその人ならではの個性に存在意義があり、それを分かち合い尊ぶことで生きていく力がお互いの間に生まれていくものではないか。私が日頃「シャローム」の活動を通して教えられていることをお話ししました。

そして、「元気でかくしゃくとしておられるお年寄りが多い日系社会ですが、反面、認知症や寝たきりの状況の方たちは人生の敗残兵のように言われがちです。誰もが望んでそのような状況になるわけではないし、生き方の立派さやこころがけの良さだけで避けられるものでもありません。人生の最後のところは期間の長短こそあれ、誰かの世話を受けなければ全うできないもの。元気な時に少しでもほかの人のお世話を体験しておくと、自分が介護を受ける側になった時にきっと役に立つでしょう。家族だけの肩に介護を背負わせるのでなく、地域での支え合いの活動を身近なグループで始めてください」と呼びかけました。

無事に大役を果たしてほっとしたあとは、一〇月二三日に「シャローム」創立一周年を皆さんと楽しくお祝いする機会を持ちました。一年があっという間だった、この活動で楽しみながら学ぶことも多く、自分の成長になったという感想をどの人も話してくださり、本当に嬉しく感謝あふれるひとときでした。

そして、一一月の後半から火曜日に加えて、木曜日に新しく活動を始めるため準備しています。今度は認知症の方だけのサロンです。

世界中がいのちへの暴力に脅かされている今日、私たちの活動はからし種のように小さなものですが、人間のいのちを最後まで尊び合う場としてしっかり育てていきたいと思うこのごとしきりです。

（サンパウロ通信第一二号・二〇〇一年一一月二六日発行）

講習会と手品の旅

今年、「共に歩む会」からブラジル訪問の旅にお招きしたのは、横須賀市の衣笠病院でもとチャプレン（病院付き牧師）として働かれ、現在は福岡県の瀬高教会で牧師をしておられる中島保壽《やすひさ》先生とお連れ合いのMさんです。

中島先生はこころと魂のケアの指導をなさる専門家です。九月二七日から一〇月二九日まで、花彩るサンパウロを拠点に、各地でこころと魂のケアについての講演、または講習会を計一一回、臨床牧会訓練の五日間コース、礼拝説教を三回というまことにハードなスケジュールをこなしていただきました。それに加えて、先生のプロ級の手品が行く先々で拍手喝采を浴び、よき交わりを展開しながら有意義で楽しい旅をしました。

主な講習会

ブラジル日系社会にはおよそ一〇〇近くの日系プロテスタント教会が存在し、「ブラジル日系キリスト教連盟」を形成して日系人伝道のために協力しています。連盟では、今年、二年に一度の研修会のために講師を探していました。二月に中島先生ご夫妻のブラジル旅行にゴーサインが出たので、早速、私は連盟連絡会でそのことを紹介した結果、来伯の時期に合わせて二日間の研修会を持つことに決まりました。テーマは「高齢者の心と魂のケア」です。日系人伝道は今や対象がほとんど高齢者ですから、時宜にかなった最も良いテーマとして受け入れられました。二日間で合計四回の講習を持つことになりました。

他方、「シャローム」の奉仕の中でも、しばしば、ボランティア・スタッフの介護力の向上のためにこのような研修の必要を感じていましたから、この講習会にできるだけ参加するように勧めました。

連盟研修会には、一〇〇人を超える受講生があり盛会でした。先生が親しみやすい語り口で、これまでの臨床体験の中から具体的に話され、グループごとの実践的な学びも数多くあり、その上レクリエーションに手品を披露されて、多くの人が大変良い学びができたと喜んでくださいました。

一番大きな講習会を初めに終えたあと、次々に地方で行った講習会はこれより小規模なものでした。サンパウロから六〇〇キロの奥地にあるアリアンサ教会では午後だけで二回の講習会。リオのホーリネス教会では日本語がさらに通じない二世やブラジル人も交えて、通訳つきで講演会を行いましたが、これも、地元の人たちによい学びの機会を提供できたと喜ばれました。通訳を務めた二世のS牧師は、大学で心理学を学んだそうで、中島先生の日本語が的確にポ語に訳されるのを聴いて感動しました。

ノルデスチへ

リオのあとは、東北伯ペルナンブコ州のレシーフェへ飛びました。隣接する歴史都市オリンダにサンパウロ福音教会の前任の牧師であった松本敏之師（日本基督教団鹿児島加治屋町教会牧師）とご家族が二年間奉仕されたアルト・ダ・ボンダージ教会があります。四年ぶりの訪問で、私の友人、信徒リーダーのジャニ・メネゼス・ブラックバーンは二人の孫のおばあさんになっていました。着いた日の夜に教会の創立記念感謝礼拝が持たれて、とても歓迎されました。

ここからは二世の高津ヤスコさんが同行しました。彼女は、ブラジル教会の女性たちによるエキュメニカル運動で活躍している聖公会の信徒です。ジャニとも去年の全国大会で知り合いになっています。日系ブラジル人のヤスコさんの存在が、私たちのコミュニケーションの助けとなったことは言うまでもありません。

この貧しい地区の教会に赴任したイヴァン・カルロス・コスタ・マルチンス牧師は神学校を出たばかりの二三歳、温かい配慮と行動力で地域の人々に仕えておられます。私たち四名を彼の家へ宿泊させてくださり、この地区の住民の質素な暮らしぶりに少しだけ触れたような気がしました。

ここでも月曜日の夜、中島先生がヤスコさんの通訳で講演会をしました。今度はまったく日本語の通じないブラジル語*の人たちです。イヴァン牧師も信徒リーダーたちもとても熱心に先生の話を聴いていました。その後、私も「シャローム」の活動について写真を見せながら乏しいポ語で紹介しました。そして先生の手品と折り紙の「羽ばたく鶴」はどこでも大人気。私の拙いヴァイオリン演奏も耳新しいので喜ばれました。

一〇年越しの友情

レシーフェをあとにし、バスに二時間乗って、ジョアン・ペソアに着きました。前回、秋吉先生一行をご案内し、こころに残る交流が果たせたあの信仰共同体にもう一度、新しい訪問者といっしょに訪ねることが私の宣教師としての大切な務めであると思ってきました。そこに生きる人々の問題について何もできなくても、とにかく忘れずに訪問し、今日まで生きてきたことを喜び合い、いっしょに食事をし、堀江神父の思い出を語り合う。それだけで彼女たちも私も勇気を出して前に向かって生きていける、そんな親しい関係になっています。

マリア・ガレーガさんの家庭では、娘も息子も結婚し、孫がひとりずついました。お嫁さんも手伝って私たちに昼食をご馳走してくださり、マリアさんは一人暮らしになったけれど家族が増えて嬉しそうでした。

カトリック教会の今年の兄弟愛運動は「悪のない大地を」というテーマです。これは先住民の人々

アリアンサ教会で講義する中島保壽牧師と寄り添うお連れ合い（2002年10月6日）

と連帯して大地を求める運動で、四五〇〇人が参加し、マリアさんはその日の晩九時からその巡礼に参加し、朝まで一七キロを歩いたそうです。翌日曜日夜のミサの時、彼女はその巡礼で受けた感動を話してくれました。その巡礼にもう一人全盲の女性が参加し、その喜びをミサの中で証ししていました。現実の問題に対決して行動していく信仰を教えられます。

ミサの終わり頃になって、突然司会者が「マキコへ敬意をこめて」という詩を朗読し始めました。それはマリアさんが誰かに頼んで用意したもので、この一〇年間続けられた私の友愛訪問をころから感謝する言葉でした。思いがけない光栄に浴し、過ぎ去った年月の交わりがよみがえって胸にじんとくるものがありました。私の献身を導いた力は、この共同体の人々の信仰に結びついて歩む道から受けたものだったのです。感謝しているのは私の方です。

おしゃべりは専らヤスコさんがしてくださり、中島先生はどこでも手品で人々を惹き寄せ、Mさんはよくお皿洗いをしてくださいました。私は今回、ヤスコさんに頼って寡黙になりがちだった分、ヴァイオリンとゆかた姿で交流を盛り上げ（？）なんとか宣教師の面目を保ってきました。

イエズス会の神学院でコーディネーターを務めるホベルト・バーホス・ジアス神父は三六歳、イギリス留学の経験があり、英語で中島先生と会話を弾ませていました。彼の陽気で精力的な働きにとても感じ入りました。貧しい地区からの神学的展開に希望を感じていると話してくれました。

サンパウロに戻ったあと、帰国直前の土曜日にも「シャローム」主催で「こころを聴く」講習会を実施。霊的ケアの根本は、相手の痛みに寄り添って傍にいること、「あなたは見捨てられていない」ということを自分の全存在をかけて伝えていくことです。今回の旅のすべてを包み込むメッセージだと思いました。

中島先生に毎朝プロポリスを差し上げ、本当によく働いていただきました。これでは恩返しどころか、ますますご恩が重くなり、本当のご恩返しをしなくてはと、今頃になって思い始めています。

（サンパウロ通信第一四号・二〇〇二年一二月五日発行）

＊　ブラジルで話されているポルトガル語が発音や表現の仕方において、ポルトガルの言語と若干異なるので、しばしばブラジル語と表される。

七年を過ごして

車の両輪として

私たちのブラジル滞在も、四月から八年目に入りました。國光はサンパウロ福音教会の主任牧師の任期を更新し、三期目(四年)を始めたところです。中年から生き方の方向転換をした私たちにとって、この七年間は不慣れで至らないことばかり、周囲の方々の大きな忍耐とお祈りと協力に支えられながらの歩みでした。日本の皆さんのお祈りとご支援にもこころから感謝しています。

七年が過ぎて、ここで生きている人たちとの関係の中で、不足な者ながらも何かの部分を担っている自分を意識し、安定したものを感じ始めています。いろいろな理由で礼拝出席者は減る一方ですが、日本語の教会生活を保っていることの意義は確かにあると思われ、小人数でもこころ通わせ、力を合わせて礼拝と奉仕を続けています。ときどき日本語の礼拝を求めて他教会の方が参加されることもあり、教会の境界線を越えていく方向へ向かわせられているのでしょう。

また、サンパウロ福音教会を会場にして実践しているデイ・サロン「シャローム」は、まさしく日系教会の境界線を越えた地域社会へのボランティア奉仕です。教派ばかりでなくキリスト教会の枠を越えて、有志の人々を巻き込んでいく広がりを持っていると思います。

現在登録しているボランティア会員は二七名ですが、いずれかの教会員である人は一六名です。活動は聖書の教える隣人愛を土台とする奉仕ですが、そのことを前面に出さなくても、どうすれば利用者の方たちにとって楽しく心地よいサロンを提供できるか、皆でよく話し合いながら進めていると、自然に利用者も協力者も、それぞれこの活動から自分の生きる力をもらっているようです。

これらのことは、決して最初から意識してもくろんだことではありません。神さまの導きを祈り求めながら、手探りしながら、現実的に今必要とされている奉仕を実践していくうちに形作られてきたものです。

このように振り返ってみると、國光がサンパウロ福音教会の牧師を務め、私がデイ・サロン「シャローム」の牧師とコーディネーターを務めさせていただくことは、この地における宣教奉仕にとって、車の両輪のように大切なパートナーとして役を担っていると新たに示されてきます。日頃、歩調を合わせることが難しいのですが、神さまはちゃんと良いように二人の特性を用いておられると気づき、思わずニンマリ。

移民史を生きてきた人々

「シャローム」では、昨年九月から今年の二月にかけて、四名の方を天国にお送りしました。ここもパライゾ（天国）地区なのですから、あちらへ行かれた方たちもきっとスムーズに迎えられたことと安心しています。

一人ひとりの方たちと忘れがたい良い交わりの時を過ごせたことを思い出し、胸にあふれるものがありります。ブラジルに来られた時期や動機は様々ですが、それぞれに貴重な人生を一生懸命に生きてこられた方々でした。祖国を離れて幾多の苦しみ、悲しみを乗り越え、日本人として立派に人生を全うされた先達から、豊かな糧を頂いたことをこころから感謝しています。知らない者同士だった人たちが「シャローム」で出会い、共に過ごしているうちにだんだん大きな家族のように親しくなっているので、その先に一人ひとりとお別れしなければならない時がくることはとても寂しく辛いものです。その死はまさしく愛する親しい人の死、「二人称（あなた）の死」だからです。これが「シャローム」の奉仕なのだと、先達を見送ってからそのことを自覚するようになりました。

「シャローム」では利用者が死を話題にすることがときどきあります。例えば、創立会員だったTさんが亡くなられて翌週、いつもの場所にTさんの姿が見られなくなった空虚さを誰しもが感じていました。

その時、聞こえてきた会話――

「今までに逝かれた方は、皆年の順だったから、次は私の番よ。みんな、追い越しちゃだめよ」

「先に逝った人は、あとから来る人の場所を取っておいてね。あなたも来たのね、って迎えてちょうだい」

「今にあちらでも『シャローム』が始められるかもね（笑）」

このように、実に明るくユーモアに満ちているのには感心させられます。

「シャローム」ではキリスト教の伝道をしない約束になっていますが、復活祭のあとには、承諾を頂いてイエスさまが死から復活されたことの意味を話すことにしています。「シャローム」のサロンで、死について話題にすることがタブーでない空気が生まれていることは喜ばしいことです。

さて、木曜日のサロンは、開始当初は認知症の方のための活動だったのですが、そうでない人の入会希望者が多くなって、近頃は火曜日と同じように、いろいろな弱さを負っている利用者が混ざっています。火、木合わせると利用者数は二〇名を超えました。

一人ひとりの人生の物語に耳を傾けると、農場や開墾の労働者として奴隷と違わない扱いを受けるなど、皆大変な苦労をされています。日本を出る時は「ブラジルには金のなる木がある」といった甘言にそそのかされ、やってきたらとんでもなかった、お金がなくなり帰るに帰れず、結局生涯ここで生きるよりほかになかったと話す人もいます。息子を殺された方、病気や事故で子どもを亡くした方は、その悲しみを話すたびに涙ぐんでおられます。小さい時に両親といっしょに来た人や二世の中には、恐らく過労がもとで母親を早く亡くされた方が多いのも意外でした。

「シャローム」の中で、ブラジル移民者が生きてきたひとつひとつの物語にゆっくり触れながら、私はこの頃ある感慨に深く浸るようになりました。

なぜ私が一度帰国してから、ブラジルにどうしても戻りたいと思ったのか。どうして日本を出てこの地で宣教師として奉仕しようと思ったのか。

それは、祖国から遠く離れた地で苦労して生きてきた日本人を、神さまがはらわたが痛むほどに深く憐れみ愛しておられ、この方たちの最後に寄り添うようにと、私を送り出されたのだと思い至ったのです。小さな私の人生の歩みの中でも、中央から周辺へと向かわせる神の愛が強く働いていたことに気づかされています。小さな奉仕にますます大きな意義と喜びを感じながら、周囲の方たちといっしょに励んでいきたいと願っています。

六月になると、いよいよ教会の台所とトイレの改築が始まります。八月から車椅子用トイレと新しい台所で、心機一転して活動を再開できることを皆で楽しみにしています。

（サンパウロ通信第一五号・二〇〇三年六月二日発行）

ささやかな抵抗として

もうすぐ二〇〇三年が過ぎようとしていますが、世界中がますますひどい状況にはまり込んでいく感が否めません。連日のように報道されるテロ事件。「またか！」とテレビを見ると、昨今はイラク周辺の国にまで拡大されているので驚かされます。死者の数、けが人の数の大きさ、無防備な市民も巻き添えにしていく非道さには言葉もありません。しかし、画面で見ても自分の身が痛まないため、感覚が麻痺《まひ》させられてしまうのが恐ろしいです。世界中の反対の声と国連決議をも無視して米英軍が強行したイラク戦争。その結果、殺し合いがますますゆがんだ形で世界中に広がっていくではありませんか。

このような事態の中で、私たちはイエス・キリストの降誕を祝うクリスマスを迎えようとしています。敵意という隔ての中垣を取り除き、対立する二者を和解させて一人の新しい人として誕生させるために、自らのいのちを十字架上に差し出してくださった、このイエスの平和が私たちの内に宿りますように。そして内在する主イエスに助けられつつ、この平和をつくり出す奉仕を、どこにあっても、どんなにささやかでも協働して担っていきたいと願わされています。

慌てて飛び乗って

九月二一日は良い天気に恵まれ、サンパウロ福音教会のバザーが新しい台所とトイレの備わった会場で行われました。

二三日は「シャローム」の活動に参加し、反省会後、その日発行した会報を配布するために夕方遅くまで仕事をし続けていると、「おい、早く荷物を詰めないとタクシーが来るよ」と國光が心配して声を掛けてくれました。

二時間でトランクに荷物を積め込み空港へ。飛行機に乗るまでがいつも死にもの狂い（?）です。日本までニューヨーク経由で二六時間の空の旅では、今回、隣席が夫なのでゆっくり安心して休めました。二人でいっしょに帰国できるのは珍しいこと。時差で一日飛び越すので成田に着いたのは二五日の午後でした。

それから約一カ月間、日本の時間帯の中で、予定された用事を次々にこなして過ごしました。今回は、小さな私にとっては大きな奉仕がいくつもあり、ずっと気にかかりながらもサンパウロの日常生活では十分な準備ができず、ほとんど日本で原稿を書いた次第です。

遠い日からの道のり――鎌倉雪ノ下教会

帰国中は四回の日曜日を過ごしました。

まず、二八日は鎌倉雪ノ下教会へ。ここからたくさんの中古衣料を送っていただきますから、ぜひ訪問してお礼を述べ、奉仕してくださる方々に直接お会いしたいと思っていました。

若かりし頃の五年間、私たちはここの教会員でした。当時、加藤常昭牧師は四〇代半ばで、三人の息子さんたちは高校生、中学生、小学生だったと思います。毎週の礼拝、月一度の家庭集会で良き交わりと信仰の学びをさせていただきました。鎌倉グリーンハイツという環境に恵まれた団地に住み、長男と次男がここで生まれました。私たちの結婚生活の思い出の中でも、一番のどかで幸せな時期だったと言ってもよいかもしれません。のちに私の母が脳疾患で重い障害を負う身となり、その介護のために一家をあげて実家へ引っ越すことになった時、加藤先生は「教会の誇りです」と励ましてくださり、教会中の祈りに送り出されてそこから困難な家庭介護の道へ出発したのです。

私たちにそのような決断と出発ができたのは、この五年間の豊かな聖書の学びと教会生活の恵みがあったからだと、あとになって何度も思ったことでした。

そのようにして三〇代で長く在宅介護の体験をしたことが、その後の私の人生を大きく決定づけ、現在のサンパウロにおける高齢者への奉仕につながっていったのです。そして、再び、鎌倉雪ノ下教会の礼拝に出席し、会衆の皆さんの前でその道のりを紹介することになりました。このような日本の大きな教会と、サンパウロの小さな日本人教会とをつなぐ形で私がその場に立たされていることが不思議でした。過去からたどってきた長い道のりがこういう出会いと協力関係へと行き着いたのです。

「世界宣教の日」――池袋西教会

次の日曜日、一〇月五日は「世界宣教の日」でした。私は池袋西教会で初めて礼拝説教の奉仕をさせていただきました。この教会は祖父金井為一郎が長く牧師を務め、私は祖父から幼児洗礼を受け、一五歳のクリスマスには信仰告白式を受けました。その翌年五月に祖父は天寿を全うして召されたのです。國光と出会ったのもこの教会の青年会でした。

多くの懐かしい人たちが集まっておられました。「信仰うけつぎ、今日も進み行こう」と讃美歌（『讃美歌21』三九四番）を歌いながら、幼い日から信仰を育まれた者が、五十余年後の今日、説教者として立たされることになった道のりを思い、胸に熱いものがこみあげてきました。

八六歳になった父もそこに座って、私の説教を聴いていました。

横浜港南台教会にて

一〇月一二日の礼拝では「小井沼宣教師夫妻と共に歩む会」の会長木田献一先生が「一粒の麦」と題して説教してくださいました。多忙を極めておられる木田先生が、いつも遠方よりいらして私たちを励ましてくださることはとても光栄で、感謝のほかありません。旧約学の第一人者であられる木田先生の前で、私が五月にサンパウロで体験した中ノ瀬重之神父（通称「シゲ神父」）等による旧約聖書講座の内容を紹介する場面もあり、なごやかで楽しい昼食会でした。

その夕方四時からサンパウロ宣教報告会の時をもちました。それは一九九六年に赴任して以来、三回目の報告会でした。四十数名の方々が参加し、國光の報告「サンパウロ福音教会の過去、現在、未来」と、私の報告「わたしの出会った日本移民の心」を聞いてくださいました。

親しい方々との久しぶりの再会は嬉しくまた励まされるものでした。日本基督教団の世界宣教協力委員会委員長の大宮溥先生は、ブラジル日系社会で教団宣教師が先がけとなって高齢者への地域福祉を実践していると、「シャローム」の働きを喜んでくださいました。神学校で説教学を教えていただいた関田寛雄先生は、ブラジル日系移民の状況が、日本では在日韓国人の置かれている状況と酷似していると理解を示してくださり、最近、川崎戸手伝道所でも在日のお年寄りたちに韓国料理の昼食会を提供して喜ばれていると話しておられました。

サンパウロ福音教会の前任牧師、松本敏之先生はブラジルの賛美歌に魅せられ、数多くの訳詞を手がけて日本の教会へ紹介しておられます。そこで松本先生にあらかじめお願いして、「神の民」と「その名はイエス・キリスト」の二曲を紹介していただき皆で歌いました。

サンパウロで生活していますと、路上にいるよごれた身なりの人々の存在は重く鋭く信仰を問いかけてきます。いつも横を通り過ぎてから痛みを覚えるだけで、一歩も近づけない自分と向き合わなくてはなりません。この痛みが私の内で奉仕の原動力へと転化するようですが、そう簡単に言ってしまうと「きれいごと過ぎる！」とこころのどこかで叫ぶ声もします。とにかく涙なしには歌えないということに偽りはありません。

「私が帰っていく現場はこの歌そのものです。それを皆さんに知っていただきたいと思っていました」と言うと、横浜寿町で日雇いの人たちといっしょに礼拝しながら、幅広く外国人労働者の人権擁護活動をしておられる渡辺英俊先生も同調され、この賛美歌が日本の教会で歌われるようになってほしいと言われました。

横浜港南台教会の秋吉先生はじめ、婦人会の方々が本当によくお世話くださり、有意義で楽しい報告会となりました。

【付記】

「その名はイエス・キリスト」松本敏之訳詞（1、2番を掲載。4番まである）

1．その名はイエス・キリスト

飢えのため叫んでいる

私たちはその前を　足早に通り過ぎる
その名はイエス・キリスト
道端で眠っている
私たちはかたわらを　教会へと急ぎ行く

（おりかえし）
私たちのすぐそばに　おられるのに気づかない
私たちのただ中に　おられるのにわからない

2．
その名はイエス・キリスト
家もなく　仕事もない
私たちはあざ笑う「ばかなやつ、働けよ」と
その名はイエス・キリスト
力の王であるより
貧しさに身をおかれて　人からしりぞけられる

最後の日曜日一九日には、かねてより秋吉先生から伝道説教をするよう申し受けていました。一〇

月中を伝道月間とし、その第三週の礼拝説教を担当するということです。私にとってこれは大きな挑戦でした。キリスト教の家庭に生まれ育ち、私にとって幼いときから神さまは空気のように自明の存在でした。信仰を求めて初めて教会に来た人たちにどう語るのか。私自身が伝道の初心者であると思い知らされました。

気の早い秋吉先生は五月からそれをメールで言ってこられ、それ以後メールのたびに「伝道説教していただきます」と念を押してくださるのでこちらは金縛りに遭ったよう、寝ても覚めてもそれが重くのしかかっていました。

その日、「シャローム」の利用者で天に召された二人の先達の物語に助けられて、「迷い出た羊を見出して救う羊飼い」のような神さまをなんとか紹介することができました。そしてこころから喜びと解放感を味わった次第です。

東ティモールへ

日本での務めをすべて終えて、最後の一週間は堀江神父を訪ねて東ティモールへと旅してきました。この未知の世界との出会いと体験については、夫・國光がサンパウロ通信一六号の中で詳細に報告していますので、私は多くを書きません。国造りの大変困難な状況にあって、いろいろな立場で奉仕している人たちがいることを知りました。その中で、私たちを迎えてくださり、悪路を何時間も運転して遠くの村へ案内してくださった堀江神父をはじめ、農業振興のボランティアとして働いておられる

Yさん、その傍で黙々と奉仕する青年Kさん、南部の町スアイで民衆に仕えているベトナム人のF神父の姿にとても感動を覚えました。これらの方々のこころ配りと奉仕のおかげで、私たちは魂の洗われるような出会いの数々を体験し、ヤシの葉かげ、降るような星空、青く澄んだ海辺でゆっくり休養をとることができました。感謝のほかありません。

ブラジルで日々の祈りに覚えつつ、応援していきたいと思います。

ある本で「世界の大気の流れは、地球の反対側の一匹の蝶の羽ばたきによっても影響を受けるもの」と読んだことがあります。こちらは春から夏に向かう時季。冬の世界に春風を送りたいと、小さな蝶たちが羽ばたいています。

世界中でいのちを奪おうとする暴力が猛威を振るうこの時、ささやかでもたゆみない抵抗をし続けていきましょう。

（サンパウロ通信第一六号・二〇〇三年一二月一〇日発行）

良い出会いに支えられ

私たちの次男が五月に結婚式を挙げることになり、四月末から二〇日間ほどプライベートで一時帰国しました。教会を留守にする期間をなるべく短くするため國光とは行きも帰りも別行動でした。今回は昨年一二月に誕生した初孫を連れて、長男夫妻もアメリカから帰国し、三年ぶりの家族勢ぞろいとなりました。

孫は女の子でちょうど五カ月目になるところ。誰があやしても無垢《むく》な笑顔でニッコリ、すると周りになんとも言えない平和が生まれるのです。「幼児のごとくならなければ」という聖書の言葉をいろいろな意味で味わったことでした。

けれども、ちょっとしたことが気になって、新米おばあちゃんが口出ししては息子に「お節介だ」と嫌がられ……。普段離れているのは幸いなことだと思った次第です。

次男の妻は日本人ですから、言葉も文化も共通ですが、気持ちが伝わりやすい分、これまたいらないお節介をしないよう自戒していかなければと思っています。親切も過ぎるとお節介になり押しつけがましくなるということは、子どもから注意されるまでもなく自覚しているのですが、たまにしか会わないので、数年分の親心がほとばしり出てしまうのです。ともあれ、「姑《しゅうとめ》」として、また「祖母」としての自分に向き合う体験は始まったばかり。多少ぎこちなくもあり、なかなか新鮮な気持ちで過ごしました。幼児や若い人たちといっしょに、私もまだまだ成長していけそうです。

次男の結婚に伴い新しい姻戚関係が生まれたことで、こちらも大いに楽しみがふくらんでいます。西伊豆から朝掘りの筍《たけのこ》や自家製の無農薬野菜が宅急便で届き、次男の家では請われて「母さんの料理」の講習をすることになりました。子どもたちが昔食べた味を覚えていて、ありきたりの手料理なのに「おいしい!」と喜んでくれるので、日頃寂しい母親としては何よりの幸せなひとときでした。

九〇歳が若返る

新緑の日本からサンパウロに戻ってくると、こちらは日本以上に冷え込みが強く、秋の終わりを感じています。

一カ月ぶりに「シャローム」の活動に戻ってみると、寒さにもめげずズラリと利用者がそろい、賑やかで楽しいサロンがくりひろげられていました。

留守中に一人だけ肺炎で入院中だったAさんが亡くなられ、寂しく思いました。この三月に九二歳になられたAさんは大の話好きでした。末子が三歳の時夫に先立たれ途方に暮れたこと、生糸工場で働きながら八人の子どもを苦労して育てたことを繰り返し話していました。晩年は、皆がよくしてくれるので幸せだと感謝の言葉が多くなり、時至って天国に旅立っていかれました。

「シャローム」は今年に入って男性の利用者が増え、現在七名で、火・木とも最高齢者が九五歳の男性です。そのうち一人はお連れ合いとごいっしょの参加で、来年ダイヤモンド婚（結婚六〇周年）

を迎えられるご夫妻です。歳月を重ねて今、いたわり合い寄り添っておられる姿は、存在そのもので周りに温かみを発散しているよう、励まされることしきりです。

年齢というものは相対的なもののようで、九〇になる前は「九五歳まで」と生きる目標を定めていた方たちが、九〇を超えると「一〇〇歳までがんばりましょう」と目標が延びるのです。そして九五歳の男性利用者が参加されるようになると、九〇歳そこそこの女性たちはどことなく若返ったように見えるのです。不思議ですね。いくつになっても人が関わり合うとき、そこはかとなく引き合うものがあり、生きる力が湧いてくるもののようです。長生きも楽ではなく、それぞれの困難を抱えつつも、それにとらわれず前向きに生きていこうとされる姿勢にこころから尊敬の念を覚えています。

あるボランティアが、「シャローム」のお年寄りたちに接するようになってから、「年を取ることが怖くなくなり、楽しみにさえなってきました」と語っていました。ホント、五〇代なんて小娘のような気がしてくるから、「シャローム」の奉仕は楽しくてやめられないのです。

人が生きるということは最期まで素敵なことだと思います。それだけに、暴力によって人生の途中でいのちを奪われる人たちがあまりにも多い世界の状況にこころが痛みます。

見学ラッシュ

「石の上にも三年」という諺《ことわざ》のように、昨年一〇月に満三周年の創立記念祭をしてからは、日系社会の中に「シャローム」の存在がかなり知られてきたようです。というのも、他市の福祉団体や、時にはアルゼンチンやパラグアイの福祉関係者が見学に来られることが相次いでいるのです。皆熱心に話を聞いていかれます。「シャローム」の雰囲気が温かく家庭的なことを感じとられ、利用者の方たちの表情がとても明るいと感心されます。

つい先日もパラグアイの日本人会の団体一一名が、二四時間バスに乗って朝サンパウロに着かれ、第一番に私たちのサロンを見学されました。パラグアイからの見学は二回目で、今回は中にJICA（国際協力機構）から派遣されている青年ボランティアが二名おられました。若い彼女たちは帰りがけ、何に感動したのか涙をポロポロこぼし、感謝の言葉を繰り返しながら去っていきました。

さて、翌日の夜、各福祉団体の代表者がシュラスコ（焼肉）に招待され、私も末席に加わっていました。今回のサンパウロ視察団はJICAが企画し、パラグアイの各地の日本人会が代表者を送り込んで総数三五名、日本語教育の部門と福祉部門に分かれて各施設を見学したのだそうです。

パラグアイへの移民は一九三六年に始まりましたが、この日本人会は戦後移民の団体で、来年四五周年の記念式典をすることになっているとのこと。それに先駆けてサンパウロを視察し、今後、パラグアイにおいても日系の医療福祉施設、教育システムを整備していく上で、参考にしたいということでした。

会も終わる頃に、「シャローム」で熱心に質問していたあの青年ボランティアの一人が近づいてきました。彼女は大阪の福祉専門学校で学び、ルーテル教会系の特別養護老人ホームで六年働いたとのこと。その後、福祉の現場から一度離れたくなり、会社勤めを一年したが息苦しくなって辞め、JI

CAの青年ボランティアに受かり、去年からパラグアイで奉仕しているとのことでした。「シャローム」の中に入ったとたんに、とても清らかなものを感じたと彼女は言います。「生きていて一番辛いと思うことは、自分の醜さ、汚さに向き合わされることです。でも、『シャローム』のお年寄りたちが温かい、優しい言葉をかけてくださって、なんだかとてもこころが癒やされていくようで涙がとまらなくなって……、私も日本へ帰ったら、もう一度福祉の仕事に戻りたいと思います」。嬉しい言葉でした。こんな素敵な出会いを実現させている場に私もいっしょにいられることを、この時もしみじみ幸せに感じたことでした。

（サンパウロ通信第一七号・二〇〇四年六月七日発行）

小さなかけ橋として

めぐり合い、響き合う

たった二週間しか日程が取れないという超多忙な渡辺英俊牧師（日本基督教団なか伝道所）と岩井健作牧師（隠退牧師）をお迎えし、「解放の神学の今」を知るべく、広大なブラジルをどのようにご案内したらよいか。これがこの七月、私に与えられた大きな課題でした。

けれど、今年の出会いの旅には、これまで以上に大きな期待と希望で熱く燃えるものをこころの中に感じていました。

まず思ったのは「シゲ神父（中ノ瀬重之神父）の聖書学習運動にかける情熱に触れていただきたい」ということ。ちょうど七月末に北部マラニョン州のバウサで行われる一週間の聖書講座に参加すべく、國光と私は二人の牧師方を案内してシゲ神父といっしょに出かけました。たった初日だけを体験するために、私たちがたどった道のりは遠大で、想像以上に強行軍となりました。とにかく、現地にたどりつくまでと、そこから次の目的地レシーフェまでの空と陸の連絡の悪いこと！　おかげで、ブラジル在住十数年来初めて、広大な草原の中を車でひた走りながら、地平線に沈む日没の美しさを目の当たりにするという感動を味わうことになりました。

そして、遠路はるばるやってきて半日体験したセミナーは、たぶん一〇〇回聞いても理解できなかったであろうことを、見て、知る、貴重な体験となったのでした。それは、エイシュン先生（渡辺牧師の通称）ならではの探求と、この半日のシゲ神父の講座の中身とがぴたっと一致した感動の時間であった、と言ってもよい手応えでした。先生は日本で長く外国人移住労働者の支援活動をされ、貧しい人々の視点から聖書を読み直しながら実際に横浜の寿町という寄せ場で生きておられます。シゲ神父のポルトガル語は日本人にはわかりやすく、私でも通訳でき、必要な時には説明を加えました。エイシュン先生は「ブラジルの風が吹いた！」とたいそう喜ばれ、私はここまでお連れした甲斐《かい》があったと嬉しく思いました。

つかの間の談話の中で発見したこと。一九八六年にエイシュン先生は解放の神学を学ぶために初めてフィリピンへ留学。その同じ年に、私たち小井沼一家はブラジルのサンパウロに日本の企業からの駐在員として赴任したのでした。

八八年にシゲ神父はブラジル管区の神言会から要請を受けて、ニューヨークのマンハッタンへ。旧約学者ノーマン・ゴットワルト教授のもとで博士論文を書くためでした。神言会は聖書学習センターを新設するために博士号取得者を必要としていたのです。

こうして、同じ頃に見えない神のみ手に動かされて国を出立した私たちが、そこから新しい道を歩き始め、それぞれの場でそれぞれの固有性を生きてきて、今マラニョンの田舎町で出会い、響き合う対話をしている……面白いなァと思いました。

ノルデスチへ

次の目的地はノルデスチのレシーフェとオリンダ。レシーフェはかつてエルデル・カマラ大司教を中心に解放の神学が発祥した地です。隣接するオリンダはユネスコ指定の美しい歴史都市ですが、その貧しい地区アルト・ダ・ボンダージのメソジスト教会を訪問。教会員の生活の状況、その人々に仕えている教会の活動を知ることが目的でした。

友人ジャニの亡き夫はアメリカ人宣教師でしたから、彼女は英語が話せます。それを当てにしてアパートに四人ともお世話になり、日本の牧師方も会話ができ、また久しぶりにお湯のシャワーが使え

アルト教会を訪問（2004年）

てホッとしました。一昨年、私たちにベッドとマットレスを提供し自分は寝袋に寝ていたイヴァン牧師は結婚。一歳になる男の子もいっしょに同じアパートでそれなりに家財道具もそろって幸せそうな生活を営んでいました。貧しい地区で生活を続けることは容易ではないと想像しますが、若い牧師夫妻の明るく優しいこころ遣いと、信仰に根ざした生活力にとても感じ入り、その地区に共に居るということの大切さを教えられる思いでした。

私たちと同行してくれた神学生の家庭には誰にも収入がなく、障がい者の姉に支給される国からのわずかな援助金に家族全員が頼って生活しているといいます。

ジャニの話によれば教会員の家庭は皆似たり寄ったりで、失業者ばかり。どうやって生きていくか希望を与えるのは難しいが、信仰共同体を形成することによってかろうじて支えられているとのこと。この地区のメソジスト教会もカトリックとのエキュメニカルな聖書学習をずっと続けているとのことでした。

私たちの支援者が送ってくださる新品の作業用シャツ一箱と老眼鏡数十個を届けました。こんな形でしか連帯を表現できないのですが、日本からの物品はいつも喜ばれます。

ここで、國光は聖日礼拝の奉仕のために一人サンパウロに戻り、私はお二人を、バスで二時間かけてパライーバ州のジョアン・ペソアへご案内しました。

ジョアン・ペソアの信仰共同体の状況

この訪問の目的は、貧しい地域のカトリック教会で民衆との具体的な出会いと交わりを体験し、その地で奉仕しているイエズス会の神父たちや神学生たちと対話する機会を持って、現在の神学的状況に触れることです。一昨年の訪問で知り合ったホベルト神父が英語を流暢《りゅうちょう》に話しておられたことを初めから当てにして、この地区の教区司祭C神父との面談を申し込んでありました。ホベルト神父の英語による通訳で、ノルデスチにおけるカトリック教会の今日的状況について有意義な対話が実現したのです。

残念ながら私の語学力ではこのような内容の対話はとても通訳できず、エイシュン先生とホベルト神父の英語力が功を奏したと言えましょう。天の配剤と言うべきか！

「カトリック教会でもカリスマ運動が盛んになって以来、人々はむしろ積極的に教会に参加するようになっている。初期の解放の神学では社会的構造論に傾き、個々の信徒の個人的、心理的、霊的問題に対するアプローチが手薄になる傾向があった。それがカリスマ運動の導入によって調整され、人々は霊的な成長と共に自分のカリスマを発見すると、立ち上がって社会運動に参加していく者もいる。解放の路線にもカリスマ運動にも、どちらの側にも聖霊が働いていると自分は思う」とC神父は語っておられました。

この発言に私はとても共感を覚えました。私自身は、解放の神学に大きく影響されましたが、やはり女性として育児や介護の生活体験から、個人的介護（ケア）の視点も必要だと感じていましたから。

パードレ・ゼー地区で奉仕しているF神学生がどうしても案内したい所があると言って、私たちを連れていった所は、「ノーヴァ・エスペランサ（新しい希望）」という名の団地でした。かつてジョアン・ペソアのゴミ処理場が廃止になる際に、その中で生活していた人々に政府があてがったのが、その共同住宅だそうです。しかし、そこの状況は人間の住まいとしてほとんど最低レベルの住環境ではないかと思いました。

大勢の子どもたちが珍しい日本人の訪問客に裸足《はだし》でついてきました。満足な教育的活動もないままに育つ子どもたちはいたずらが激しく、内部の公共施設は修理してもすぐに壊されてしまうのだとF神学生は嘆きます。彼は週に一度この地区の住人と小さな聖書の集いを持っていますが、親といっしょについてくる幼児以外はそこには子どもを入れないとのこと。その日は十数人の女性たちが集まっていました。私たちの前で皆とても恥ずかしそう、いつもより発言も少ないようでした。集会の終わりに三人で日本の讃美歌「主の食卓を囲み」（『讃美歌21』八一番）を歌いました。こころをこめて「マラナ・タ（主よ、来てください）」と。彼女たちもその部分は声を合わせて歌いました。あとになって、四年前に秋吉牧師が貧しい地区の共同体の人々に「貧しいことは恥ずかしいことではありません。恥ずかしいのは人間のこころを失うことです」と語られた言葉を思い出し、そう言ってあげればよかったと後悔しました。

この団地もひどい環境だと思いましたが、すぐその隣に団地からあぶれた人たちが住んでいるファヴェーラ（スラム）があり、そこはもっと悲惨な状況でした。今でも、彼女たちを覚え、自分の無力を恥じながら神さまのお守りをひたすら祈り続けています。このような苦しみの状況が、解放の神学を生み出した土壌だと改めて認識させられます。

勇気づけられたのは、マリア・ガレーガさんの居住区のボルト・ド・トータ共同体を訪問した際、以前は病気で苦しんでいたEさんが、とても元気そうになり、ミシンかけの仕事もまた細々続けているという話でした。神さまは貧しい人々を決して見捨てられないという具体例を見て嬉しくなりました。信徒リーダーのマリア・ガレーガさんも元気に活躍していました。ホベルト神父も交えて私たち客人を昼食に招待してくださり、ご馳走の並ぶ食卓で、「家は小さいけれど、こころは大きいの。だから、いつでもまたお客さんを連れてきてちょうだい」と繰り返し言ってくださいました。

両先生方はイエズス会の神学校に宿泊、私はいつものように親友のRさんの家に泊めていただき、車の便は娘さんが奉仕してくださいました。住宅街の信徒も連帯の輪に加わって大切な役割を担っています。

ノルデスチからサンパウロに戻ってきてやはりホッとし、ブラジルの中での貧富の差を改めて実感。私たち先進国の人間には担うべき役割が確かにあるけれど、貧しくなりきれない限界も感じさせられます。

その翌日から、今度は國光がお二人をパラナ州の佐々木治夫神父の働きの現場（サン・ジェロニモ・ダ・セーハ）へとご案内し、そこでまたとても有意義な出会いと交流がなされたようです。*私は同行せず、その日から「シャローム」の後期の活動を再開しました。

今回の旅行で、岩井健作先生とは初めてお交わりいただきました。短い日程でしたが豊かな体験を共有できて、一挙に親しくなれたような……先生の人柄と社会的配慮に接し、終始、快い旅路でした。

エイシュン先生は行く先々で短歌を詠み、岩井先生はスケッチに余念がなく、私は例によってヴァイオリンを弾き、そんな意味でも豊かな旅行でした。

最後に、去年から両腕の筋力が失われていく症状が出ていた國光は、重い物が持てないながらも同伴して、道中、先生方と経済や歴史の話をしてくれ、私はたいそうこころ強く思い、助けられました。私自身は小さな存在ですが、大切な使命を負って活動しておられる先生方の出会いのかけ橋となれたことは大きな喜びでした。

國光は難病の可能性が色濃くなり、目下検査中です。どうぞお祈りください。

（サンパウロ通信第一八号・二〇〇四年一二月一日発行）

＊　本書二七四頁で佐々木治夫神父の宣教現場について紹介しています。

二〇年目の回想

今年、母が天に召されて満二〇年を迎えました。召天記念日の四月一四日はちょうど木曜日で、「シャローム」の活動の中で日系移民のお年寄りたちが母の話を聴いてくださり、感無量でした。五月八日の「母の日」には、サンパウロ福音教会の礼拝を「金井恵美子召天二〇周年記念礼拝」として守りました。

そういう機会を与えられて改めて今日までの道のりを振り返ってみますと、母の介護体験から「シャローム」の実践まで一本の道筋が浮かび上がってくるようでした。

母の召天後一年目には、小井沼一家五人はサンパウロにいました。そして、池袋西教会で持たれた召天一周年記念会の時に話した内容を、このサンパウロで小冊子「介護の日々を顧みて」として発行し、周囲の人々に配布しました。

そして二〇年を経た今日、もう一度過去の出来事を思いめぐらしてみると、その意味合いがさらに深められ、発展していることに驚かされます。

介護生活を振り返る

一九七五年、五四歳の母が脳疾患のため倒れた時、私は二歳と生後六カ月の息子たちの育児に追われていました。母の手術後、しばらくは妹が献身的に看病しました。二人の息子たちが四歳と二歳になったときに、妹と介護を交代しようと決断しました。三〇歳でした。國光は同意してくれ、鎌倉のマンションを売り払って実家で同居したのです。

私の姉は幼少の頃日本脳炎に罹り、知的障がいを負っています。二人の幼児の世話と母と姉の介護を伴う大家族の生活は想像をはるかに超えて困難でした。現実の重さに数カ月後には限界状況に。疲れとストレスで人が変わったようになり、自分の人格が崩れていくパニックを体験しました。

それまで培われてきたはずの信仰は役に立たず、「私には信仰などまったくなかった」と思い知らされたのです。「信じているつもり」と、苦しみの中で「信じて生きること」の間に深い断絶があることを痛感させられる日々でした。

渦中で三男も生まれ、心身に余裕のない状況の中で子どもたちと母にしわ寄せが行き、それぞれを事故や病気で入院の憂き目に遭わせることになりました。ちょっと気を緩めると誰かが死んだかもしれない。いくつもの弱いいのちを抱え、いろいろな人の手を借りて綱渡りのような毎日でした。

母が再び入院、やせ細った母の犠牲を目の当たりにすることによって深い改心が起こり、ようやく介護の主体性に立つことができました。誰かから強いられてするのではなく、介護するのは私の自由意志によるのだと。折しも、日本は高齢化社会に向かう途上、老人問題で議論が白熱していた時期でした。この期間、介護者として様々な学習と研修を積んだのが、あとになって大いに役立つことになったのです。

家族間の人間関係や自分自身の疲労との格闘の中で、介護状況が行き詰まりを迎えたとき、母が天に召されました。そこに神のわざを垣間見る思いでした。私にとって長い介護生活からの解放は、同時に大きな喪失感を伴う日々でした。うつ状態で苦しんでいたある日、幼児期の私と母とのスキンシップ不足を長い介護で取り戻したのだと、天啓のごとく思い至り、「この私でよい」との自己受容に立つことができたのです。以来、それが神と私の関係の基盤となりました。

この介護体験によって得た私の「生の座標軸」は、次のようなものです。

・「縦軸＝神と人間」――人間はどんな状況にあろうと存在そのものでよしとされている。

・「横軸＝隣人と自分」――他者の苦しみとつながって生きようとするとき、自分の罪の姿に直面し、主イエスの十字架と復活の赦しにあずかって、真の信仰の主体性がそなわる。

ブラジルでの方向転換

母が亡くなったのは、八五年四月でしたがその後の人生の展開は、私たちの思いもかけない壮大なスケールで起こりました。

半年後に、夫へ会社からブラジルへの転勤命令が下り、一年後の四月には私たち家族五人は初めて日本から出て、地球の反対側のサンパウロに身を置いていました。

日本にいたときからすでにサンパウロ福音教会とのつながりが備えられていた、と赴任後に思いました。それは、小笠原勇二牧師（故人）のご長女が日本に留学されていて、私の大学の恩師のもとで学んでおられたからです。教会には私たちのために前もって席が用意されていたかのように自然に溶けこめ、温かく楽しい交わりを頂きました。

母を天に送ったばかりだった私は、まだこころに介護の余韻が彷彿《ほうふつ》としていたので、機会があればいつも母の話をしました。弱さの中に生きる人の存在がどんなに価値あるものであるかを、誰にでもどうしても伝えたいという思いでこころが熱く燃え立っていたのです。その頃から、このサンパウロ福音教会の中でも自分たちの老後はどうなるのだろうかという心配の声が挙がっていたことを思い起こします。

五年間、家族五人水入らずで、恵まれた楽しい駐在生活を経験しました。

先の介護体験によって与えられた私の人生の座標軸は個人的なレベルのものでした。けれども、ブラジルで日常的に多くの貧しい人々の苦しむ姿と接し、世界の不公正な富の分配構造の現実に出会ったとき、今度は世界との関わりの中でもう一度自分の生き方を変えよと促されているような気がしました。貧しさに生きている人々の存在を通して、自分にはすでにあふれるほど良いものを与えられてきた、大きな罪も赦されていたと気づかされ、私が福音の原初の喜びを受け取り直すことになりました。

そして個人的な信仰深さでは解決のつかない社会構造的罪の中で、先進国のキリスト信者は、第三世界の貧しい人々の存在と結びつかなければ、本当の意味でキリストの福音に生きていると言えないのではないか。目に見えないところに隠されている多くの貧しい人々の苦しみを見過ごしにして、豊かさを当たり前のように享受し、自分はキリストを信じていると思い込んで生きていくことはもうやめたい。世界の南と北の教会の出会いと連帯のために、微力ながら何か私にできることはないだろうかと考え始めていました。

そして、五年間の駐在生活を終えて、いよいよ本帰国というときに、後半の人生はこの大地で生きている人々といっしょに生きていきたいという強い願いが与えられました。ブラジルで宣教師として奉仕するために献身を決意したのです。

私より半年後に帰国した夫・國光も、独自に献身の決意を持って帰ってきて、二人が思いをひとつにして五年間日本で準備をしました。夫は夜学の日本聖書神学校へ通い、私は教団の認定する「Cコース」で教師検定の道を歩みました。それは、独学で所定の学科を勉強し、毎年、試験と面接を受けて最短三年で終了するというものです。九六年三月に夫と同時に勉学を終えることができ、同年四月に准允を受けて、二人そろって日本基督教団の宣教師として、ブラジルへ派遣されたのです。

日系高齢者へ奉仕することが私の第一の仕事だという思いを抱いていましたが、私に初めに与えられたのは幼稚園の仕事でした。けれども諸事情で、二年後に幼稚園の仕事を辞し、翌年日本で、教団の正教師試験に合格して按手礼を受けてから、サンパウロ福音教会の担任教師を退任させていただきました。

そして二〇〇〇年二月に福浦利明さんと出会い、デイ・サロン「シャローム」の発足までの経緯はすでに「サンパウロ通信」一一号「いのちを分かち合う日々」（本書四八頁）の中で述べました。

それから早いもので、今年、「シャローム」は創立五周年を迎えます。多くの高齢者の方々に楽しい交わりの時と、おいしい昼食を提供して喜ばれています。今や会員は利用者二八名、ボランティア三八名、それに賛助会員三一名となり、総勢一〇〇名にのぼる大家族となりました。サンパウロ福音教会を会場にし、有形無形の教会の保護と協力があればこそ、ここまで発展することができたのです。感謝のほかありません。

美しい時が刻まれて

昨年末に、國光の病気検査のため帰国して、その病気が現代医療では治療の手立てがない難病であることが判明しました。これは、國光にとってはもちろんのこと、私にとっても青天の霹靂《へきれき》とも言うべき出来事で、急転直下、私たちのサンパウロにおける宣教生活を締めくくることを考えなければならなくなりました。

終わりが見えてきて改めて最初からのことを回想して気づかされたことがあります。

母の死後二〇年間のうち、駐在員時代を入れますと一五年はサンパウロで暮らしたことになります。初めに赴任した年から一〇年後には、今度は宣教師として再びブラジルに戻ることになり、宣教生活は今年で一〇年目になりました。

脳手術のあと、体の重い障がいを負って生きる営みのすべてを介護されて過ごした一〇年間、母はどんなに辛く悲しい日々を耐えていたかと思わされます。

喉に吸引の金属管を入れていたので言葉が出せず、上にも下にも管をつけて身動きのできない状態でしたが、天使のように平安な美しい顔をしていのちの源である神に全存在を委ねきっていました。黙ってじっと身を横たえていた母の傍らで、私は何度も涙しました。イザヤ書五三章の「主の僕」の気配を感じていたのかもしれません。*

一〇年間不自由な状況を生きた母は、この世の旅路を終えたのち私の中で生き続け、一〇年間のブラジル宣教生活という実を結んだのです。なんと神さまのなさることは美しい時を刻んでいたのかと、私は心底、驚き入っています。

「シャローム」には五年しか奉仕しておらず、まだ道半ばでとの思いが強くありましたが、こうして振り返って眺めてみますと、やはりこの時が一番良い区切りなのだと納得させられつつあります。五年間で「シャローム」の基礎はしっかり据えられ、人材もよく育ってきているのでもうほかの人々を信頼して託しても大丈夫でしょう。

母の遺したメッセージ

「私は復活であり、命である。私を信じる者は、死んでも生きる。生きていて私を信じる者は誰も、決して死ぬことはない。」

ヨハネによる福音書一一章二五～二六節

母の晩年の介護を手伝ってくださった隣家の方が、そのことがきっかけでのちにカトリックの洗礼を受けられました。サンパウロに届いたお手紙には「イエスさまのことを聖書で学ぶとき、いつもお母さまの穏やかな顔が浮かびます」と書かれてありました。

「私を信じる者は、死んでも生きる」という言葉が私の歩みの中でも、力を発して働いていたと思わされています。「生きていて信じる者は決して死なない」とは、私たちのこの世でのいのちがまた、あとに続く誰かのいのちの中に受け継がれていくということではないでしょうか。そのようにして、私たちは生きているときも、死んでのちも、イエスの復活のいのちの中にのみ込まれていくことになるのでしょう。そのような人知を超えるいのちの交わりがあることをこの二〇年が証言しています。そしてこれからも、私たちの苦難に満ちた人生の中で、そのいのちの交わりは揺るぎなく続いていくでしょう。

母の召天二〇年後に夫の介護が始まっています。「どうしてまた私が？」というショックと辛さを超えて、「介護は私の天職！」と受け入れました。病気を負う國光の辛さに比べたら、介護する側に立たされることは恵みです。これから夫のいのちと寄り添う日々は、私にとってさらに深く人間を学ばせていただく最高の授業となるはずです。神に愛され、訓練されることを感謝して、多くの方々のお祈りに支えられながらこの道を歩んでいきたいと思います。

（サンパウロ通信第一九号・二〇〇五年六月七日発行）

＊「彼は虐げられ、苦しめられたが／口を開かなかった。／屠り場に引かれて行く小羊のように／毛を刈る者の前で黙っている雌羊のように／口を開かなかった。」（イザヤ書五三章七節）

「シャローム」の創立五周年に

今回がサンパウロから発信する最後の「通信」となりました。次回は来年、日本に帰国してから最終号を出すことになるでしょう。

内外の多くの方々のお祈りに包まれて、私たちは困難の中でも、日々、支えられて過ごしています。本当に感謝いたします。

懸案だった教会の後任牧師は作間サムエル師が、「シャローム」のコーディネーターはお連れ合いの作間悦子姉が引き受けてくださることに決まりました。サムエル師は、アライアンス教団に所属しておられる二世の牧師で、日本語も流暢に話されます。教派を超えていくつもの神学校で講師を務め、専門は牧会カウンセリングと新約学。豊かな学識と長い牧会生活の経験をお持ちです。悦子姉は一世で、日本の関西聖書神学校で学ばれ、牧師夫人としてサムエル師と共に教会に仕えてこられました。

また「シャローム」の創立時から、世話人としていっしょに奉仕してきた仲間です。このご夫妻にサンパウロ福音教会とデイ・サロン「シャローム」の将来を託すことができ、本当にほっとしました。

なお、サンパウロ福音教会が日本基督教団と協力関係にある単立教会であることは変わりません。*

これらすべてのことの背後に、憐れみ深い神さまのご配慮を感じさせられています。

さて、デイ・サロン「シャローム」は去る一〇月二四日に創立満五周年の誕生日を迎えました。これを記念する特別行事として講演会と祝会を行い、多くの方々と共に感謝と喜びのひとときを持つことができました。

この機会に「会報シャローム――創立満五周年記念特集号」を発行しましたが、その中に掲載した拙文を紹介して、今回の報告とさせていただきたいと思います。

シャロームへの祈り

五年前の二〇〇〇年、世界中の誰しもが過去の悲惨な戦争の歴史に終止符を打ち、平和に向かって新たに歩みだしたいと願い、祈りをもって新しい千年紀を迎えました。

この年に、サンパウロの片隅でデイ・サロン「シャローム」が産声を上げました。シャロームとは平和という意味ですが、アパートで孤立しておられる日系高齢者の方々が日中くつろいで安心して過ごせるサロンを開こうとの思いで名づけたのです。

ところが、翌〇一年にニューヨークで起きた九・一一同時多発テロ事件以来、人々の平和への願いは踏みにじられ、世界は戦争とテロの応酬の泥沼化の道を突き進むことになりました。夥《おびただ》しい人々の不本意な早過ぎる死のニュースが流れ、また無防備な市民、とりわけ老人や女性や子どもたちのいのちが巻き添えになって失われています。大きな嘆き、悲しみ、痛みの渦巻く、そのような現代世界の情勢のただ中で「シャローム」は、高齢の弱さを負っている方々に楽しく幸せなひとときを過ごしていただくことを願って活動を続けてきました。

私はある時から、この活動はいのちへの暴力とは正反対の行動であることを強く意識し始めました。どんな人のいのちも最期まで愛されているということを、この小さなサロンの実践が証ししていると気づいたのです。いのちへの暴力に対する、ささやかではあるが断固とした抵抗です。そのような意義を発見したとき、高齢の方たちだけでなく、参加しているすべての人たちが、この活動によっていきいきとしてくるわけが理解できたように思いました。

シャローム（平和）とは、一人ひとりが自分のありのままを受け入れられる心地よさを知ることから始まっていくのだと、五年間の「シャローム」の活動を通して実感させられています。この「シャローム」の心地よさが、サロンの外での身近な人たちとの関係の中でも花開くものとなりますように。そして、この世界に明るい笑い声といたわり合う言葉が行き交うシャローム（平和）が広がっていきますようにと祈らずにはおれません。

来年、帰国を余儀なくされました。振り返って、皆さんと共に過ごした五年間、本当に楽しく幸せな日々でした。コーディネーターとして至らない者でしたが、いつも仲間たちの支えと赦しの中で、私自身が皆から受け入れられている安心感を覚えていました。そして何よりも、楽しみに参加される高齢者の方々との触れ合いは、とても貴重な体験でした。このブラジルの大地で幾多の労苦をくぐり抜けて誠実に生きてこられた方々のいのちの輝き、また優しさに、私の方が多くの慰めと癒やしを頂きました。感謝で胸がいっぱいです。

私たちの先頭に立ち、またしんがりとなって導いておられる神さまに、全幅の信頼をもって「シャローム」の行く末を委ねつつ、今はまだ、共にいられる幸いを噛《か》みしめています。

「平和に過ごしなさい。そうすれば、愛と平和の神があなたがたと共にいてくださいます。」（コリントの信徒への手紙二　一三章一一節）

（サンパウロ通信第二〇号・二〇〇五年一二月一日発行）

＊　サンパウロ福音教会は二〇二一年三月にブラジル・アライアンス教団に所属しましたので、現在は単立教会ではありません。

追記　小井沼國光の旅立ちに際して

サンパウロ通信最終号（二〇〇六年七月一〇日発行）に記載された「小井沼宣教師夫妻と共に歩む会」会長の木田献一先生の巻頭言と國光の最後のメッセージ、私の報告文を掲載し、召天後の遺族挨拶とその後の追悼記を添えました。

「共に歩む会」の解散に当って

木田　献一

五月二十八日の午後四時から、横浜港南台教会において、「ブラジル宣教報告会」が行われると同時に、小井沼國光宣教師の健康状態が危機的状況に陥っているとの事態に直面して、「小井沼宣教師夫妻と共に歩む会」を解散する決議がなされました。大変残念なことではありますが、やむを得ないことと存じます。

十年間にわたる皆様のご協力にたいして心から感謝申し上げます。「共に歩む会」に参加することによって、わたくしたちは、多くのことを学ぶと共に、多くの恵を与えられてきたと思います。日本と丁度地球の反対側に位置するブラジルと日本との関係は、長く深いものがあることは改めて申すま

サンパウロ福音教会で話す木田献一先生（1997 年 7 月）

でもありませんが、その距離のゆえになかなか充分な理解をし、連帯の内実を深めて行くことが困難であることもまた事実であると思います。

狭くなった地球の中で、人類の将来のために何かを考え、何かを実践しようとする場合、日本のわたくしたちと対極にある人々のことを忘れたままで本当に有効な活動を行うことはできません。そのために、わたくしたちはこの十年、本当に貴重な経験をしてきたと思います。

私自身も一九九七年の夏に、小井沼夫妻のお招きによって、ブラジルの社会を学ぶ旅を経験することができ、それ以後はやはりブラジルと日本との連帯について常に具体的に考えることができるようになったと思っています。私は今、ＮＨＫラジオの宗教の時間で『詩編を読む』という講座を担当していますが、そのテキストの巻頭の言葉として、詩編四十一編二節にある言葉、「いかに幸いなことでしょう／弱いものに思いやりのある人は」（新共同訳）という言葉を引用しておきました。

現代世界の中で、この言葉の持つ意味は大きく深いものがあると思います。ここで、「弱いもの」と訳されているヘブル語は「ダル」という言葉ですが、具体的に言えば、踏みつけられ、抑圧されている人という意味に取ることができると思います。そして「思いやる」と訳されたヘブル話は「マスキール」ですが、これは単に情緒的に「思いやる」という意味にとどまらず、むしろ事柄の本質に目醒める、つまり人間が陥っている苦しみの本質を、その背後にある神の支配の光の下に理解することを意味しています。

神は一部の人間が多くの人々を苦しめているという人間世界をどのように見ておられるのか、そのことに対する人間の責任を誰が理解しているのか、そのことを理解する人は幸いだという意味がここには籠められています。

悪の力が暴威を振っている現代世界の中にあって、悪の力に打ち克つ最大の力は、「苦しめられ、弱くされた人々がささげる神への讃美と祈り」であることを、詩編は繰り返し教えてくれています。パウロも自分自身の弱さと苦しみの中で、力は弱さの中でこそ発揮されると言っています（IIコリント一二・九）。弱さの中で、わたしたちにより深い希望と力が与えられることを祈って止みません。

最後に、十年間お世話をいただいた秋吉隆雄先生ご夫妻と横浜港南台教会の人々に心から感謝し、また、小井沼ご夫妻の上に神の守りと祝福が与えられますよう祈って止みません。

小井沼　國光

二つの夢

最初に、一〇年間、皆さんの温かいご支援によってブラジル宣教師としての任務を果たすことができましたことをこころから感謝しています。単に私たちの生活を支えるだけでなく、ブラジルに関心のある何人かの人たちを招くことができ、共に旅をし、交わりの時が持てたことを特に感謝していま す。

そして、今回これが最後の報告になりますが、私個人の経験として二つのことを書き残したいと思います。

一、私の人生におけるキリスト教との出会いについて

私がキリスト教に出会ったのは一九六二年、高校三年の時でした。栃木県栃木市という古風な町並みの中で、私の家そのものも三代続いた商人の家庭でした。たまたま友人の誘いでキリスト教の教会に行きましたが、その時受けた衝撃は非常に大きなものでした。「信仰と希望と愛」という説教で、今なお毛筆で書かれたその説教題を思い出すことができます。私の育った家庭では、日本の伝統的価値観のもとで上下関係が支配し、決して本心で人と人が関わるということがありませんでした。教会で、人が真に出会い交わる原点に愛があるということを知らされたとき、その新しい価値観に驚き、こころを強く捉えられたのです。そして教会に行ったのが八月末ですが、わずか四カ月後に洗礼を受けてしまったのです。

さらに大学入学後、その当時復刊し始めた『展望』という雑誌を通じて、森有正の「遙かなノート

ル・ダム」というエッセイを読み、また強い衝撃を受けました。パリの中心部にあるノールダムの付近を朝夕行き来する中で、彼はヨーロッパの中心がまさにここにあるのだと言っているような印象を受けました。

私自身は高校時代、六〇年の安保闘争のことはよく知っていましたが、社会主義の影響を受ける以上に、ヨーロッパの文化と伝統の根底にキリスト教があるのだということを、強く印象づけられました。そしてマルクス主義よりも大塚久雄や丸山眞男などの近代主義の影響を受けました。そして大学在学中から就職後も、一度本格的にキリスト教について学んでみたいと思い続けていました。

しかしながら、キリスト教的な雰囲気とはまったく違う環境に育った私は、教会に通いつつも、牧師の語る説教には少なからず違和感を覚えていたことも事実でした。

けれども四〇代の初め、一九八六年に駐在員としてブラジルに赴任したとき、ブラジルは二一年間続いた軍事政権が崩壊した直後でした。社会はまだ混乱しており、人々が混迷の中で右往左往するのを見て、ブラジルの中にパウロ時代の奴隷制の延長としての地中海的世界を見る思いでした。そして貧富の差の中で多くの苦しんでいる貧しい人たちを見たときに、私自身、富める階層の中にいる一人として、生き方を転換しなくてはならないと思いました。そしてブラジルで第二の回心をするに至ったのです。その後、眞樹子と共に献身の道を歩むことになりました。

四年間神学校に学んだのち、今度は宣教師としてまたブラジルで働くことになったのです。しかし、企業人から転身して牧師になったものの、私には知性主義の傾向が強くあり、教会を牧会する「牧師」

としての道をスムーズに歩くことはできませんでした。

それでもなんとか一〇年間の宣教生活を務める中で、私なりに見えてきたことは、教理的ではない聖書の世界でした。具体的には、旧新約を通じて聖書の最大のメッセージは、人間の自由で平等な共同体の形成ということにあるのではないかと思います。旧約では出エジプトの出来事と多民族共同体としての古代イスラエル民族の誕生。新約ではイエスのガリラヤにおける「神の国」の福音宣教活動に中心があると思います。伝統的な教理としては、聖書の中心はイエスの十字架と復活による罪からの救いや終末論にありますが、私自身が感じたことは、貧富の差や社会的格差を超えて、いかに人々が共に生きる共同体を作るかというところにあると思いました。

「……さあ、行って、弟子たちとペトロに告げなさい。『あの方は、あなたがたより先にガリラヤへ行かれる。かねて言われたとおり、そこでお目にかかれる』と。」マルコによる福音書一六章七節（新共同訳）

ブラジルの場合は長い奴隷生活を通じて、抑圧や差別、貧困や劣悪な生活条件などを強いられながらも、互いに助け合って生きようとする優しさ、柔軟性があります。今日、世界はグローバリゼーションの時代を迎えていますが、世界の貧富の差、民族の枠を超えて、ひとつの新しい共同体を作ることが求められています。私はそのことを、ブラジルの奴隷制と移民生活の歴史や社会を見ることによって学ぶことができたと思います。

二、ブラジルという異文化の中での生活とその限界について

若い時代に、ヨーロッパの根底にキリスト教があることを知って以来、いつかその現場を探究してみたいと思っていました。しかし、実際、ヨーロッパならずもブラジルという現場で暮らしてみますと、異文化の中で生活するということはそう簡単なことではなく、大きな壁がありました。

私にとって、外国で暮らす上で困難だったことは、まず言葉の問題でした。外国語の習得というのは人によって得手不得手があります。私の場合、日本語でも日常的なおしゃべりは苦手なのに、ましてそれがポルトガル語となるとやはり難しく、ブラジル人と友だちになって意思の疎通をはかるまでには至りませんでした。では日本語が通じる日系社会で交友関係が作れたかというと、これまた、移民した人たちとは生活歴を異にする上、問題意識も思考の面でも共通の土台に立てないことが多く、やはり孤独でした。教会の人たちは皆優しく温かい態度で教会活動に協力してくださいましたが、女性が多いので話題に付いていけないものを感じていたのが正直なところです。

結局、一口に言って、日本から遠く離れた異文化の中で暮らすには、このような孤独に耐えて楽観的に生きられるタフさがなければならなかったのだと思います。

けれども、私の場合、生来の不安症が存在の奥にあって、それが異文化への不適応症を招いたので

結婚 35 周年記念日（2006 年 6 月 5 日）

はないかと、今になって思います。それと同時に、キリスト教というものが自分の日常的な心情の中に入っておらず、頭の中で思考するという側面が大きかったと思います。建物に例えるならば私のキリスト教信仰は二階に入ったようで、地に根ざす一階には入っていなかったということに気づかされています。そうした状況の中で、今回の難病に罹り、自分の限界というものを直視せざるを得ませんでした。

時代はグローバリゼーションの下、世界中で貧富の差が拡大し、弱肉強食の世相が支配しているときに、今後ますます、イエスの目指した「共に生きる関係性」（＝共同体）を求めて働かなければなりません。しかし、私自身はすでに人生の末期にさしかかっており、なすすべもありませんので、あとに続く人たちに委ねていきたいと思います。

イエスが「神の国」の福音を説きながら、わずか三年で時の権力者に殺されてしまったことを思うと、私も今病の床で死を見据えながら、イエスの姿が大きな慰めであり、また希望へと導いているように感じています。最後に、六一年の人生が守られ導かれてきたことを満足し、神に感謝しています。

（眞樹子による口述筆記）

病床に寄り添いながら

ブラジル宣教を終えるにあたって、「小井沼宣教師夫妻と共に歩む会」の皆さま、また、この通信を読んでくださったすべての方々に、こころから感謝申し上げます。

一〇年間を振り返って、このブラジル宣教は私たち二人だけの働きによって成り立っていたものではなく、日本の皆さんやブラジルで交わりを頂いてきたすべての方々との協働のわざであるという思いを深くしています。多くの人たちとの連携のもとで、國光は國光なりに、私は私なりにブラジルにあって奉仕すべきことを果たしてまいりました。すべてのことの背後で、力強く、確かに働いていた導きのみ手があったことを覚え、何より神に感謝しています。

最後の通信で、私がご報告すべきことは、何よりもその後の國光の病状の変化と現在の様子についてではないかと思います。

後任が決まってほっとした昨年一一月末頃より、國光の呼吸状態に変化が現れ始めました。それまで、両上肢の機能は失われていく一方でしたが、まだ歩くことができましたので、二人でよく散歩に出かけました。ある日、軽い上り坂を歩いていたら、急に國光がハァハァ苦しげな息づかいになり始めたのです。それが、新しい病状変化を知るきっかけでした。

それからは「緑が多い所へ行くと、呼吸が楽になる」と言いますので、近くのイビラプエラ公園まで車で行き、緑の木々が茂っている公園内をゆっくり歩きました。初めは三〇分休まず歩けた距離を、次第に一五分ごとに休むようになり、そのうち散歩に出かけること自体も少なくなっていきました。手の場合と同様、呼吸器にも変化が現れてからの進行は速かったです。

年が明けて、アメリカやベトナムの息子たちからも心配して、早く日本へ帰国したらとメールや電話が届きました。しかし、たまたま二月にブラジル南部のポルトアレグレで世界教会協議会（ＷＣＣ）があり、日本基督教団の世界宣教協力委員会から、委員長の大宮溥牧師と幹事の上田博子牧師がこれに参加するため、初めて来伯されることになりました。私たちはその委員会から派遣されている宣教師ですから、両師をお迎えして私たちの現場をご案内する前に、先に帰国してしまうわけにはいかないという思いがありました。また特に上田師には、後任の作間サムエル牧師の就任式を二月二六日に司式していただくことになっていましたから、ぜひそれを果たしてから帰国したいと祈り願っていました。

さらに、三月三日には恒例の世界祈祷日があり、昨年に引き続いて教団枠の世界祈祷日献金から「シャローム」に一部が贈られることに決まっていましたので、どうしても最後にサンパウロで世界祈祷日礼拝を守りたいと思いました。そのため三月初めに帰国日を設定したのです。ただ三月に飛行機に乗るまで國光の呼吸状態が持ちこたえられるかどうかが心配になり、病院で検査したところ、「呼吸量の三分の一が失われているがまだ大丈夫」との結果にひとまず安堵《あんど》しました。二月の初旬から、再度三男の広嗣がサンパウロに駆けつけてくれ、本当に助かりました。

こうして予定通り最後の仕事も、引っ越しの準備もすべて守られ、周囲の親しい方々とのお別れの時を持って後顧の憂いなく、三月六日夜中にサンパウロを発《た》ちました。

三月八日に成田に着き、日本聖書神学校のゲストハウスに滞在させていただいて、すぐ介護保険の申請をしました。この介護保険の住宅改修支援を利用して、友人が提供してくださった杉並区永福町の家を、一部身障者用に改修する必要があったのです。しかし、ちょうど制度の見直しの時期でもあり、認定が下りるまで一カ月以上も待たされました。帰国後の検査によると、呼吸量はさらに三分の二が失われているとのことでしたが、足は大丈夫でした。

イースターの礼拝をかろうじて近くの目白町教会で守ったあと、國光の呼吸状態がさらに悪くなり、ベッドが空くのを待って慶應義塾大学病院に入院したのは四月二七日。呼吸量は五分の一しかないということでした。ここで医師から、もしものときに人工呼吸器を装着するかどうかの問いがあり、國光は以前よりそれをしない決意を固めていましたので、そのことを伝えたところ、担当医師チームと家族全員がそろったところで、もう一度確認したいとのことでした。「いつ急変するか分からないターミナル（末期）の状態です」と宣告され、私は病院に泊まり込みを始めました。

ベトナムから次男が妻子といっしょに駆けつけ、三日後にアメリカの長男が一便早めて到着。皆まさかの時の覚悟を決めての帰国でした。

しかし本当に幸いなことに、入院後一週間、絶対安静でベッドに伏していたのが効を奏したのか、最悪の呼吸困難がスーッと消え､楽になったのです。その時の変化は不思議なほどでした。多くの人々の祈りが神さまに届いたのだと思いました。

悲しく辛い決断でしたが、息子たちも私も、國光の「人工的延命措置はしないで人生を終わらせたい」という願いを受け入れました。そして、その旨を医師たちに表明し了解していただいたあと、病院ではもう何もこの病気に対する積極的な処置がなくなりました。國光の状態が安定したので私は泊まり込みをやめ、家の改修工事の実施を進めて、ようやく入居できるようになったのが、五月二八日に行われたブラジル宣教報告会の前日でした。

報告会には國光は出席できませんでしたが、会長の木田献一先生はじめ、多くの方々が参加してくださり、有意義な一時を持つことができました。秋吉先生を中心に横浜港南台教会の方々のご奉仕を本当にありがたく思いました。

報告会の翌日に、長くお世話になった目白の神学校から、まず私と末の息子が永福町の家に引っ越し、その翌日三〇日に、國光は寝台車で病院から出て、外泊という形でようやく家に入居することができました。幸い國光には特に変化がなく、二日後、そのまま正式に退院しました。

病院から家族のもとに戻ってきて、國光はやはり大きな安心に包まれたのでしょう、食事も流動食状にしたものをよく食べ、病気ではないかのように顔色もよく、よい表情をしています。苦悩を突き抜けて、澄みきった明るい顔つきをしている國光に、見舞ってくださる方々も驚かれるほどです。傍に寄り添う私も、介護できることで深い慰めを受けています。

退院してちょうどひと月になり、最近、呼吸状態は徐々に荒くなっていますが、介護ヘルパーや訪問看護師に助けられ、訪問医の往診もあって、絶対安静の中で平安な日々を過ごしています。とき折しもワールドカップのまっ最中、親子三人でサッカーの試合を観戦できることが夢のようで、ささやかな幸せを噛みしめているところです。


二〇〇六年八月二四日（木）　午前六時　小井沼國光召天　六一歳

告別式での挨拶

二〇〇六年八月二七日（日）　日本聖書神学校礼拝堂にて

本日は、皆さまご多用のところ、夫・小井沼國光の告別式にご参列いただきまして、まことにありがとうございました。

「筋萎縮性側索硬化症」（通称ＡＬＳ）という難病であることが分かったのが、一昨年の一二月でした。病名宣告を受け、國光も私も辛い現実と向き合わなければならなかったとき、この神学校のゲストハウスに三カ月間滞在させていただき、多くの祈りと交わりの中で守られて過ごしました。今年三月に、ブラジルから帰国した時も、やはり入居する住宅事情が整うまで、ここで神学生たちとの交わりを支えに過ごさせていただきました。一番辛かった時に温かく守ってくれたこの場所で告別式をすることが、國光のたっての願いでした。けれども、この礼拝堂は新館建設のため、来月には取り壊されることになっているとお聞きしまして、どちらが先になるかと心配しましたが、今日、國光の願いが叶《かな》えられて、感謝しております。またこのように多くの方々にお集まりいただき、故人を偲《しの》ぶ機会を与えられましたことは、私たち家族にとっても大きな慰めとなりました。

結果として、宣告から一年八カ月という早いスピードで終末を迎えたことになりました。腕の脱力感を覚えるようになった最初期から考えますと、三年余りの期間でした。人によって進行の速度は様々で、場合によっては一〇年以上も、不自由でもそれなりの生活を維持している方もおられるようです。私自身も長期の介護生活を覚悟していたにもかかわらず、國光の場合は、両上肢に症状が現れたあと、最終的に呼吸筋に病気が進行したため、急行列車のようなスピードで逝ってしまいました。何事も数字を挙げて客観的に説明するのが好きな國光は、この病気で死ぬ人は三年で三五パーセント、五年で五〇パーセントなのだからこれはなにも例外的に早い進行ではないと言って、戸惑っている家族をなだめてくれました。

この病気は現代医学では、病気の原因も治療法も発見されていないため、國光がまず望んだのは、いたずらに延命措置をしないで、自然の病気進行に沿って死を迎えたいということでした。人工呼吸器をつけても個性的に生きて活躍している人がいますが、國光は意志伝達の手段が失われていく状態で長く生きなければならない事態には耐えられないと言い、人工呼吸器はつけないという意思を固く持っていました。

家族としては、少しでも長くこの世での交わりを持ちたいという思いが強くあり、國光の願いを受け入れるまで葛藤がありました。いくらこちらの気持ちを話しても國光の意思は変わらないので、彼の願いどおりにしてあげることが愛情だと思い、家族の願いは取り下げにしました。

この決断をしたときが、私にとっては一番辛く悲しいときでした。しかし、それをのみこめたときに軽くなり、國光もほっとした表情になって、それからは二人の間でこころがぴたりと一致し、平安になりました。

最後の三カ月間、友人のご厚意でお借りした家で家族といっしょに過ごした日々は、辛い病気を負いつつも、たくさんの幸いを味わうことができました。狭い空間でしたが、呼吸苦を伴う生活では、行動範囲が狭いことはかえってありがたく、足が動きましたのですぐ傍にあるトイレや浴室にも歩いて行くことができました。妻は「刺身のつま」のようにぴたりと夫にはべって、両手のまったく動かせない夫の細々とした要求にいつでもすぐに対処することができました。

交通の便の良いところでしたから、國光自身はじっと動けずにいても多くの友人、先生方がお見舞いにきてくださり、楽しく有意義な話し合いの時を持つことができました。人生の最期を迎えたときの対話ほど貴重なものはありません。今もお一人おひとりとの一期一会のひと時を感謝しながら思い起こしています。

呼吸器に症状が現れてから、何度も危険な状態に見舞われ、その都度アメリカやベトナムにいる息子たちは慌てて帰国してお父さんの病床を取り囲むという事態となりました。三人の息子たちがぐるりとベッドを囲むと、國光は嬉しそうな顔をして、不思議と元気を取り戻し、よく話をしました。父親として各自に適したアドバイスをしていました。私にも、危機に見舞われるたびにもう先がないと察して、元気だったら決して口にしない良い言葉を遺してくれました。

「私には仕事の業績も、財産も名誉もないが、そんなものはどうでもいい、三人の息子たちが何より私の誇りだよ。息子たちを立派に育ててくれてありがとう」

「病気になったことは辛いことだったけれど、家族から手厚く介護されてこんなに幸せなときはなかった。病気になって本当の幸せを発見できた」

そう言って、私を喜ばせてくれました。私は今でもこれらの言葉で大きな慰めを受けています。

いよいよ、通常の薬ではコントロールが効かない末期的状態に陥ったとき、亡くなる一〇日余り前からですが、最後の手段で麻薬性鎮痛剤が処方されて、私が投与しました。薬のせいで意識の混濁が生じるようになってからも、彼の頭の中では活発に知的活動が続いているのには驚かされました。ある時、眠りから目覚めて、私に急いで集会の準備をしてほしいと言います。「何があるの?」と尋ねますと、「イスラム教徒とキリスト教徒がいっしょに賛美歌を歌って交わりをする時を持たなければ」と言うのです。これにはびっくりして、「そういう集会が持てるといいね」と応じました。折しも、連日イスラエル軍のレバノン攻撃で、ヒズボラと関係のない多くの市民が犠牲になっているニュースが流れていました。宗教間の対立にこころを痛め、細い息の下で「宗教って難しいねぇ」とつぶやき、「難しくて僕にはもうできない」と言いますので、「あとは残った人たちに任せてあなたは楽にしていいのよ」と言ってあげました。

「結論的に言えば……」と言って途切れ、あとが出てこないので「國光さんの人生は大成功でしたね」と私が下の句をつなげました。

私たちはこの日を迎えるまで、遠くから近くから、多くの方々の物心両面にわたる温かいご支援とお祈りを頂いて平安に過ごせました。そして、國光がみ国に移されるときも、願ったとおり苦しまず眠りながら旅立っていきましたので、大変安堵し、悲しいという以上に、力を尽くして介護できた満足と慰めと平安で満たされています。すべてのことを神さまに感謝し、皆さまに感謝いたします。

今後とも、変わらないお交わり、ご指導をよろしくお願いいたします。

ありがとうございました。

こころ深く冬を生きて

（横浜港南台教会誌「若木」二〇〇七年一月号掲載）

夫がこの世からいなくなって三カ月が過ぎた。たった三カ月、しかし、共に暮らした人生の日々は、もうずっと遠い過去のことになってしまったように思われ、一日の時間が濃密な内容で、私の存在そのものをいっぱいにしながらゆっくり流れていく。来る日も、来る日も、結婚生活三五年間を初めから繰り返し思いめぐらしていた。

池袋西教会にやせた背の高い慶應の学生が現れたのは、私が二年生の時だった。当時、青年会には早稲田の学生が数人いたが慶應は私一人だったので、すぐ友だちになった。そのうち、二人に青年会の会長と副会長の役が回ってきた。その頃、教会の中でも紛争の嵐が吹き荒れていて、さんざんもめた揚げ句、私たちの代で青年会は解散してしまった。

彼は知識が豊富で冷静な考え方をするが、激しい口論にはほとんど参加できず黙りこくってしまう。嫌気がさすと、青年会長なのにぱったり教会に来なくなった。彼のそんなところが妙に気になり、この人には私の手助けが必要だと思うようになって、やがて結婚へと発展したのだ。明確なプロポーズの言葉も聞いていない。聞く前に雰囲気でそうなっていった。

そうか、三五年間このパターンをやってきたのか、と今さらながら納得した。

若い時代の國光は授業にも出ないで本ばかり読み、聖書も熟読して、彼の部屋に友人たちが集まるといろいろ話をして聴かせてくれたと、学生寮時代の友だちから聞いた。心根の優しい、物静かな人だったとも。あぁ、そうだった、と私も改めて思った。

彼は優しい夫であり、良い父親だった。よく家事や育児の仕事を分担してくれた。女性の生き方への理解も時代の先端を行き、私が自立的に生きるように応援する姿勢でいてくれた。しかし実際は、子育てに加えて私の母と姉の介護生活が長く続き、私には自分なりの仕事を追求する余裕がなかった。その間、彼は家庭の窮状によく耐え、協力しながら共に生きてくれた。

長く苦労をかけた日々からついに解放されると、今度はブラジルへの転勤が私たちを待ち受けていた。ここでの、ブラジル民衆と堀江節郎神父との出会いは運命的なものだった。このブラジル駐在の五年間が、私たちの人生の分岐点となった。

ブラジル宣教生活の一〇年間、國光は孤独に耐えながら、持ち前の知性でブラジルに関する貴重な情報を本にまとめて後世に残した。思いもかけず難病に罹り、苦悩しながら、最後は澄み切った明るい顔をして次代のグローバルな宣教の方向性を語っていた。彼らしく冷静な判断で延命を拒否し、天に急ぎ逝った。

「家族から手厚く介護されて、こんなに幸せなことはなかった」

「ブラジル宣教を自由にやりなさい」と言い残して。

結果として、それが私への大いなる愛情だったと理解し、胸が熱くなる。

彼の「助け手」として私を神が引き合わされたのだ、と最近になって深く思い至った。我ら夫婦の組み合わせを通して、神はこういうことを望んでおられたのか。

第二部・ノルデスチ編

第一章　なんと美しい町、オリンダより

オリンダからの便り

二〇〇八年四月一日、ブラジル北東部ペルナンブコ州の海岸都市オリンダにやってきました。正式に派遣される前に、単独で日本人のいない、日本語を使わない教会で奉仕するということ……実際その生活がどういうものかを体験してみたいと思ったのです。

州都レシーフェに隣接するオリンダは、ブラジルで最も古い歴史都市でユネスコによって世界遺産に登録されています。ポルトガル人入植者がこの土地に初めて足を踏み入れたとき、丘の上からその景観を見て「オー、リンダ！」（なんと美しい！）と感嘆したことからこの名前がついたと言われています。

南米の地図を広げて見ると、右側（＝大西洋）に突き出ている海岸沿いにジョアン・ペソア、オリンダ、レシーフェなどの都市が並んでいます。少し南下するとサルバドール、ここは、一八八八年まで三〇〇年間続いた奴隷制の時代に、アフリカから連れ出された何百万人もの人々が奴隷として売買

された拠点です。これらの都市はノルデスチ（北東部）の代表的な都市ですが、観光旅行で五つ星のホテルに泊まり、美しい海岸で海水浴を楽しんで、有名な歴史的教会をめぐり歩くだけでは、この地の現実の姿には決して出合えないでしょう。

一九六〇〜七〇年代、エルデル・カマラ大司教を中心として「解放の神学」が生まれたその発祥の地がレシーフェです。生前、カマラ大司教は「ノルデスチにはブラジルの魂がある」と言っていたそうです。

アルト・ダ・ボンダージ・メソジスト教会について

アルト・ダ・ボンダージ地区は、海岸沿いの住宅地からバスで一時間ほど離れた小高い場所にあり、ファヴェーラ（スラム）ではないにせよ、恐らくオリンダでも大変困難な状況の居住区ではないかと思います。定職につけない人が多く、麻薬や暴力、殺人事件の危険に取り囲まれているところのようです。

アルト・ダ・ボンダージ・メソジスト教会（以下、「アルト教会」と略す）は、ジャニの夫ダヴィ・ブラックバーン牧師によって一九八六年から始まりました。同牧師は九二年に突然の感電事故死によって取り去られますが、ジャニは教会員と共にこの教会を守り続けています。外部からの支援を受けて共同作業で建てたという円形の教会堂は、シンプルで窓はありません。壁に使われているブロックには魚と十字架の形のくり抜きがあり、いつでも風が通り抜けていきます。横には保育所が併設されていて、この地区の貧しい家庭の子どもたちを無料で世話しています。

主任牧師のフルネームはイヴァン・カルロス・コスタ・マルチンス。二〇〇二年八月に中島保壽牧師夫妻と聖公会信徒のヤスコさんといっしょにノルデスチ旅行をした時（本書六〇〜六一頁参照）、神学校を出たばかりのイヴァン牧師に出会いました。現在は結婚して二児の父親。二八歳の若者とは思えないとても成熟した人格を感じさせる人で、オーバーワークになっている仕事を精力的にこなしています。また、聖書学習センター（CEBI）*の方法論にのっとった民衆的聖書学習法をしっかり身に付けている牧師です。

さて、アルト教会では次のような集会が行われています。

日曜日は午前九時半〜一一時に教会学校。ジャニが全体と成人科の責任を負っています。初めに大人も子どももいっしょに賛美してお祈りをしたあと、クラスに分かれます。子どものクラスは教師が足りないためか二つに分かれるだけで、高校生は成人科といっしょに学びます。最後にまとめの時として再び集まり、その日の学びや作業の分かち合いをします。

礼拝は夜七〜九時。大人が二〇名ほどでたくさんの子どもたちもいっしょに集まります。小さい子どもたちは賛美のあとは別室へ。最後の祝祷の時に合流します。

第二日曜日にイヴァン牧師がメッセージをし、聖餐式を行いました。聖餐式は大人も子どもも「主の食卓」への招きに応えてあずかることができます。受けない人もいました。聖餐式の意味が伝えられて、受けない自由も保障されています。それは喜びにあふれた共食の宴でした。

週日には、火曜日に祈祷会、木曜日は信徒養成会と、いずれも夜の七時半から九時まで行われています。どの集会も参加者は五～八人、しかもほとんど同じメンバーです。各集会とも信徒が持ち回りで進行係を担当しています。

ジャニは信徒ですが、聖書の知識と指導力、教会員への牧会については牧師そのものの働きを担っている優れたリーダーです。私は初歩段階の生徒のような気持ちで彼女に付き添っています。何か教会の役に立とうという気構えはすぐに消え失せ、無力な者でもとにかくいっしょに居ることから何かが始まっていく、と望みをつないでいる段階です。

これらの集会に参加してみて、日本との大きな違いは、集会の前半で、その週の各自の生活がどうだったかを分かち合う時間をたっぷり取ることにあると気づかされました。教会学校でも、週日のどの集会でもそれをします。一人ひとり、自分の問題を気が済むまで長々と話し、皆で聞きます。話しながら涙をぽろぽろ流す人も……素直に表現するここの人たちの人間らしさに触れ、それぞれが背負っている現実の問題を知る大切な機会です。まだ、話の半分くらいしかわかりませんが。

それから、聖書を開いて読み、学び、意見を言い合う。そして、楽譜も歌詞もないのに次々に賛美歌を歌い、感謝の祈りで終わります。その賛美と感謝がこころからあふれているのが伝わってきて、私はとても感動させられます。人々はシンプルにイエスを信じ、慕い求め、そして「神さまは私の困難の中で働いて良いことをしてくださった」と証言し、賛美と感謝をささげています。聖書の中の民と同じように。

三カ月間の実習期間を終えて帰国後、日本基督教団とブラジル・メソジスト教会との間で書類が取り交わされて、一〇月に宣教師として正式に派遣が決定したとき、「大きな意志が働いている」と、胸打ち震える思いで受け止めました。まだ先の見通しは何も見えてきませんが、「ここに居るだけでいい」と思い、ゆっくり歩いています。

（二〇〇八年四月三〇日発行）

＊　オランダ人のカルメル会司祭、カルロス・メストレス神父が一九七九年から始めた聖書学習センター。貧しい民衆の生活の座で聖書を読み直す運動。CEBI = Centro de Estudos Bíblicos。本書二七五頁でも紹介。

歩み出す

海辺の黙想

オリンダに着いてから一カ月が過ぎました。昨年四月から三カ月間この地に滞在して生活実習をしましたので、新しい土地に来たというより、半年ぶりにオリンダに戻ってきたという感覚でした。アルト教会の人々も「マキコはいつ戻ってくるのか」と何度もジャニに尋ね、待っていたそうです。ですから、新しく日本基督教団の宣教師として派遣されてきたという改まった空気はどこにもなく、昨年の続きのような感覚で受け入れられました。

初めは思うように出てこなかったポルトガル語（以下、「ポ語」と略す）も、日常会話の初級レベルまではなんとか回復してきました。

まだ私に教会の仕事の割り当ては何もなく、ただ、日曜日の教会学校と夜の礼拝、火曜日の祈祷会、金曜日の信徒養成会（いずれも夜）に参加して皆の話す言葉に聞き耳を立てているだけの生活です。なんだかずっと休暇をもらっているような、本当にのんびりした生活で申し訳ないようです。

ここノルデスチの生活では、時間も空間も物事もゆったりとおおらかに動いています。三分おきに電車が到着して、次々に運ばれていく日本の生活とはなんと違うことでしょう。

私は毎朝五時半に起きて、一時間海岸沿いを散歩します。広い大西洋の海原を眺めながら、神さまの愛の広さ深さに思いをはせ、感謝でこころ満たされます。砂粒のような自分の小ささを黙想し、ここに置かれていることの不思議を思いめぐらしています。

敬愛する先達の宣教師から次のような祝福の言葉が届き、それを日々噛みしめています。

「宣教師は初めから自分の限界を背負って出かける人間ですから、言葉とか、習慣とか、その地の文化などの点で誰よりも遅れている人間です。何を『福音』として持っていくのか。『愛のあかし』

だけだと思います。自分の場所にいるときは、自分が学びえた知識だとか学問だとか、言葉のあやだとか、とにかく自分を輝かせるたくさんの『部下』に囲まれていて、それをいわば食い物にして生きていけるかもしれません。宣教師はそれをすべてあきらめたので、神さまの前でもっとも貧しい人間としてひたすら祈りによって神さまとのつながりを第一にして歩きます」

ここに至るまでの経緯

どうして私がオリンダに来ることになったのか。ここまでの道のりを振り返ってみますと、いくつもの出会いと交わりが織りなされるように見えてきます。

一九九六年、夫と共にサンパウロ福音教会に赴任してまだ間もない八月に、ブラジルのリオデジャネイロでメソジスト教会世界大会が開かれました。本大会の前に女性大会が開かれて、全世界から五〇〇名の女性リーダーたちが一堂に会し、交わりと学びの機会を持ちました。教団からの代表者二人に付き添って、私もその女性大会の末席にいたのです。

ある日の食事の席で、向かい合わせに座った女性と話をしました。彼女は、夫がアメリカ人宣教師でオリンダの貧しい地区で教会活動をしていたが、四年前に不慮の事故で感電死してしまったと話してくれました。それがジャニでした。

以前から、ジョアン・ペソアには二年ごとに訪問を重ねていたので、同年、帰路にレシーフェとオリンダへ足を伸ばして、初めてアルト教会と出会いました。

その後、サンパウロ福音教会を辞任した松本敏之牧師が、新しい任地としてこのオリンダを選び、ご家族とともに九七年に教団宣教師として正式にアルト教会に赴任されたのです。広大なブラジルで宣教地の可能性がいろいろあった中で、このめぐり合わせもまったく予期せぬことでした。若い牧師一家の二年半の良き奉仕が共同体の人々のこころに深く刻まれたことは言うまでもありません。私も松本牧師のブラジル通信「大地のリズムと歌」や「ブラジルの熱い風」*1から繰り返し学び、体験を分かち合い、大きな刺激を受けてきました。

松本牧師夫妻が退任されたあとも、私は日本からの客人と共にこの地を訪問し続けました。

そして、私たちにとって決定的な出来事が起こります。夫の病気が治療の手立てがない難病であることの告知を受け、帰国しなければならなくなったのです。この困難な状況下で、ジャニがサンパウロに出向いた際にサンパウロ福音教会に立ち寄ってくれました。これまでの私たちの宣教生活と活動を分かち合い、また彼女が夫の事故死に直面したとき、どのような悲嘆のプロセスを体験したのかを聞かせてもらいました。彼女は心理学の専門家で、しかも夫との死別を早くに体験した人です。こんな良い友人がいて私を気遣ってくださり、本当にありがたいことでした。

帰国後、予想よりはるかに早くその日はやってきました。二〇〇六年八月二四日、國光は天国を望んで旅立っていきました。「ブラジル宣教を自由にやりなさい」と言い残して。彼はただ言葉でそう言うだけでなく、宣教生活の経済的基盤を用意してくれました。これで、貧しい教会からの謝儀を期待せず奉仕することができます。

ジャニと私は同じ年齢で共に6月生まれ（2008年）

同年一〇月、「ラテンアメリカ・キリスト教」ネット[*2]の発足後まもなく、事務局のOさんといっしょに再びオリンダを訪問してアルト教会の礼拝に参加しました。

礼拝のあとに、「夫の介護生活をしている時も、困難な現実の中で信仰によって力強く生きている皆さんのことを思い、大きな支えとなりました」と一生懸命感謝の気持ちをポ語で言い表しているうちに涙がどっとあふれ……そうしたら、教会の人たちが皆私の周りに寄ってきて、次々に抱きしめてくれたのです。忘れることのできない体験でした。

次にこの地を訪れたのは〇七年の六月。國光の一周年記念誌を出版するためにサンパウロに滞在していたときのことです。そのとき、ジャニから、メソジスト教会のノルデスチ教区は経済的困難に直面していて、一個教会に一人の牧師を任職させることができなくなりイヴァン牧師がカイシャ・ダグァ教会と兼任になったことを聞かされました。その結果、牧師は月に一度礼拝説教と聖餐式を担当するだけで、あとは信徒たちで教会活動を続けているというのです。

私は次の宣教奉仕の可能性をノルデスチに探していること、教会から謝儀をもらわなくても働けることを伝えると、ジャニはとても喜んで、ぜひ来てくれないかと言います。そしてさらに驚くことに、ちょうどすぐ下のアパートが売りに出て、息子と買っておこうかと相談していたところだと言うのです。ジャニは私の話を聞いてその晩のうちにコンピューターで契約の手続きを始めてしまいました。彼女が買っておいて私が借りるという段取りです。あまりの急な話の進展に「待った」をかけて、もう少し日本で周りの人たちや家族ともよく話し合ってから返事をすることを約束して日本へ帰ってきました。

数カ月間祈ってよく考えた結果、やはりブラジル宣教への私の意思は変わりませんでした。それどころか、日本での教会赴任の話が持ちかけられるたびに、ブラジル宣教への思いが強まるのです。ブラジルと日本の教会的交流と連帯のために動ける人間は、今のところ私しかいないことは確かです。また、かねてより宣教師として、ブラジルで最も困窮している教会で日本語を使わない奉仕をしてみたい、という夢がありました。ラキネットの活動の交流部門の責任を負う立場からも、ブラジルに身を置いている方が望ましいですし、何より夫の与えてくれた自由と宣教資金を実践に用いることなく、別の道を選択することなど考えられなかったのです。

このようにして、私の新たなブラジル宣教への旅が始まりました。

(オリンダ通信創刊号・二〇〇九年四月一四日発行)

＊1　現在、日本基督教団鹿児島加治屋町教会のホームページに掲載されています。

＊2　夫・國光は、ラテンアメリカと日本の間にキリスト教信仰に根差した連帯関係をと望んでいましたが、

新たな運動体の発足を見ずに天に召されたので、有志がその遺志を継いで「ラテンアメリカ・キリスト教」ネットを立ち上げました。通称「ラキネット」として一〇年余り活動しました。ラキネットの活動については、『ポーボの風を受けて ——「ラテンアメリカ・キリスト教」ネット運動10年史・エッセイ・史料集』(ラキネット出版、二〇二〇年発行)に詳細が記載されています。

アルト・ダ・ボンダージ・メソジスト教会に身を寄せつつ

オリンダで生活を始めてから八カ月余りたちました。まだ様々な不自由はありますが、だいぶ生活にも慣れ、ペースをつかめるようになってきました。

地域環境

教会が建っているアルト・ダ・ボンダージ地区は私が住んでいる海岸沿いの住宅地からバスで一時間余りの丘陵地にあります。ファヴェーラ(スラム)ではないにせよ、かなり悪条件の居住区と言えましょう。アスファルトはメイン通りでも穴だらけ、路地に入ると雨でぬかるむ泥道。電気は来ていますが、水道の給水は三日に一度で、貯水タンクに溜《た》めて少しずつ使います。ゴミ収集車が回っているはずなのに、住人は勝手なところにゴミを捨てるので、街角はお世辞にも「オー、リンダ！（なんて美しい）」とは言い難い。そして教会の周囲では、ジャニによると「聞いていられないほど低俗な歌詞」の歌をがんがん鳴らし、その騒音で集会や礼拝がいつも妨げられています。その上、目と鼻の先にほかの教会が二つも建っていて、賛美歌や説教の声を外に向けて流すのでこれまた大変迷惑です。

この地区で定職に就いている人たちは幸運で、多くの人たちはたぶん「職なし」か、週に一、二回の乏しい現金収入があるくらいでしょう。ルーラ大統領になってから子どもの養育手当が支給されるようになり、貧しい家庭ではそれでなんとか食べていると聞いています。

家はシンプルにレンガを積み上げ、間仕切りをし、屋根をかけて終わり。床は土間のままかコンクリートを敷いて、窓はないか、あってもガラスはなく木の扉を付けています。多くの家がまだ完全には出来上がっていないままで、少しずつお金を工面しては改良していくようです。家族が暮らせるスペースが十分ない家では、思春期に入ると子どもたちは家を出てしまい、路上でたむろしている姿も目に付きます。するといろいろな危険にさらされ、麻薬がらみの犯罪に手を染めてしまうこともまれではありません。

初めから否定的なことばかりを書き並べましたが、町全体は人間味にあふれ、生きようとする人々のいのちの力がみなぎっているように感じます。人なつっこい教会の子どもたちや若者たちは、私の姿を見つけると走ってきて抱きついてくれます。大人から子どもまで「マキーコ！」と名前を呼び捨てにしてくれるのが、なんとも親しさを感じて嬉しいものです。

礼拝と諸集会

アルト教会の礼拝は日曜日の夜七時からということになっていますが、実際始まるのは七時半頃です。こういう時間のずれがいわゆる「ブラジル時間」と言われるものです。

初めの三〇分くらいは賛美の時間で、ギターの伴奏で、手足のジェスチャーと共に歌います。その間に詩編を読み、ざんげの祈りもささげます。そのあと献金をし、感謝の証しを数人が自由に話したあとに、やっと説教の順番が来ます。説教の時間は子どもたちは別室に行って過ごしますが、これが子どもでない人たちも結構自由に出入りするのです。しーんと行儀よく説教を聴く日本の礼拝とはずいぶん雰囲気が違うのでびっくりします。

説教はイヴァン牧師が月に一度、第二日曜日に聖餐式といっしょに行います。そのほかの日曜日は私とジャニのほか信徒二名が順番に担当します。この説教者のために月に一度、説教準備会を行っていて、聖書テキストの掘り下げ学習や説教演習をしています。ブラジルでは、大抵の牧師は身振り手振りとともに大声を張り上げて叫ぶように説教するので、私はとてもついていけない気持ちになってしまいます。

私はと言えば、話す言葉を逐一作文し、その原稿から目を離せないまま読むような形でなんとか説教の奉仕を果たしています。それでも外国人宣教師のシンプルな言葉を信徒たちはよく聴いてくださり、あまり途中で出て行く人がいないのが私にとっては励ましになっています。

「オリンダからの便り」で述べましたように、教会学校は日曜日の朝九時半から一一時まで。初めに全員（十数人）が集まり、聖書を読み、祈り、賛美してから子どもクラス、ジュニアクラス、大人クラスの三つに分かれます。私は大人クラスの生徒の一人になってジャニから学んでいます。

週日には火曜日に祈祷会、木曜日には受洗準備会や説教準備会、冬季聖書学校準備会などが時に応じて持たれます。金曜日には私の属する信徒養成グループの集会があり、これらはいずれも夜（七時半から九時まで）の集会です。土曜日は夕方から賛美歌練習が行われることになっていますが、ギタリストの都合でしょっちゅう変更されます。

冬季聖書学校

アルト教会が一年のうち特に力を入れている大事な教会活動は、冬季聖書学校です。学校が冬休みに入った直後、六月末から七月初めにかけて行われます。四月から奉仕スタッフは準備会を重ね、聖書テキストの学習、テーマの掘り下げ、活動のプラン作りなどを進めていきます。今年はヨナ書をテキストにして「神の愛は国境を越えて」というテーマのもとで、五日間、午後の二時から五時まで毎日実施されました。地域の子どもたち、若者や大人たちが集まってきます。最終日には、奉仕者を除いて一八三名が参加、それは本当に賑やかで元気いっぱいの楽しい活動でした。

私はジャニといっしょに大人のクラスを担当しましたが、一八名の参加者のうち四、五名は文字の読み書きができない人たちです。聖書のテキストを繰り返し声に出して読み、何回もストーリーを思い出して語り、ゲームや共同作業を取り入れながらゆっくり進めていきます。パウロ・フレイレ[*1]の教育方法を十分取り入れていると感心させられました。

大人も子どももおやつをよく食べ、遊びの体験もとても楽しんでいました。この地域にあって、日々困難な状況に耐えている人々が生きている喜びを味わうために、このような活動を提供することは教会の大事な奉仕なのだということがよくわかりました。

場所が狭く、トイレも足りなくて大変でしたが、感謝なことには五日間一度もその時間帯に雨が降らなったのです。終わった日の夜から翌日の朝にかけて大雨が降りました。

冬季聖書学校のあとは、日本から松本敏之牧師が一〇年ぶりに当地を訪問くださり喜びの再会を果たしたのち、いっしょにアマゾン川の流域ポルト・ヴェーリョで開催された第一二回キリスト教基礎共同体全国大会に参加しました。[*2]

旧友、ミゲル神父との連携プレー

九月一二、一三日の二日間にわたってアルト教会の創立記念感謝礼拝が持たれました。この教会は一九八六年にジャニの夫、アメリカ人宣教師のダヴィ・ブラックバーン牧師によって創設されてから二二年になります。

創立記念礼拝の日曜の朝、教会学校に行くバスの中でジャニから、最近顔を見せなくなっていた一三歳の少年が、母親から外に放り出されて麻薬売買の手伝いを始めたという話を聞きました。とても頭のよい子で、私の折り紙教室でもまっ先に覚えて友だちを手伝っていた男の子です。麻薬に手を染めたら、先は牢獄か殺されるかで人生がおしまいになることは火を見るより明らかです。聖書で言う「はらわたが痛む」ような気持ちがこみあげ、この子をどうしても助けたいと神に懇願しました。

その夜の礼拝は、イヴァン牧師が特に力強く福音を説き、最後に、イエスを救い主として信じたい人を前に招きました。するとほかの人たちに混じって、あの少年も教会学校の教師に付き添われながら前に出てきたのです。大粒の涙を流しながら。信じられないような出来事でした。ジャニも私も本当に驚き、そして彼を抱きしめました。

数日後、私はレシーフェのカトリック大学のミゲル・マルチンス神父に会いにいきました。ミゲル神父とは、一〇年以上前にジョアン・ペソアのジュニオラード（イエズス会の神学院）で出会って、今年八月末に再会を果たしたばかりでした。

大学の中にある心理療法クリニックは貧しい家庭からは診療費を受け取らずに診療する、ということをジャニから聞いたからです。しかしいつも予約がいっぱいで去年ジャニが試みたときは取れなかったとのこと。

私の話を聞くと、ミゲル神父はすぐに診療所の責任者に電話をかけ、その日のうちに会えるよう手はずをつけてくださいました。何しろ、彼は今カトリック大学の副学長なのですから。空いているカウンセラーを探してもらい、診療の予約も二日後に取れたのです。驚くほど迅速な事の運びに、私は神の助けを感じずにはいられませんでした。

その後も、この家族には問題がいろいろあってたやすくないのですが、週一回、この少年と弟の二人を診療所に連れていく奉仕をしています。ミゲル神父は、来年から彼が学校に復帰できるように、大学に隣接する公立学校の席を探してくださるそうです。彼に良い教育が与えられ、一〇年後には素晴らしい青年に育っていることを夢見て祈っています。

悲しい出来事

日本基督教団の暦によれば、一〇月の第一日曜日は「世界宣教の日」に定められています。それに合わせて、『信徒の友』（日本キリスト教団出版局）誌一〇月号でも、「日毎の糧」欄で宣教師たちの奉仕教会をひとつずつ覚えて祈るように企画され、アルト教会のためには一八日が当てられていました。私は祈りの課題として「日々の生活があらゆる悪から守られますように。奇跡を叫び求めるだけでなく、福音を正しく理解し、互いに助け合う共同体として成長していけますように」という願いを掲げました。

日本の多くの教会の人々が私たちの教会を覚えて祈ってくださったであろうその日に、けれども、恐ろしい交通事故で私たちの大切な姉妹がいのちを落としたのです。夫の運転するオートバイに同乗しての事故でした。ぶつかって路上に転倒した彼女を後続のバスが轢《ひ》いて即死。三六歳の若さで、幼い子ども二人を残し……。実は私はその時オリンダにはおらず、そのニュースをアメリカの息子の家で受け取ったのでした。孫たちに会うために一〇月に二週間の休暇を頂いて日本とアメリカを旅行中だったのです。

「神さま、なぜですか?」と問い続けました。なぜ、多くの教会の人々が祈っていたであろうその日に、こんな悲惨な事故が起こったのか。熱心に祈り、よく感謝し、いつもほかの人たちのためにとりなしていた信仰深い彼女のことを思い出し、ご家族や教会の皆の嘆き悲しみを思って、帰路の機上で涙するばかりでした。

ところが帰ってみて驚いたことに、この悲しみのどん底で教会では皆がこころをひとつにし、遺族と共に泣き、彼女の信仰の模範を思い出して語り、まさしく神の愛を体現する共同体としてそこに存在していたというのです。

誰も神の愛を疑う人はおらず、むしろ、よりいっそう信仰を強められて祈っていたと。どうしてこの日にこんな事故が、と涙する私に、ジャニは静かに語ってくれました。

「この困難な時の中で、まさしく地球の向こう側からささげられていた祈りが届いていたのですよ」

悲惨な状況でこそ働く愛と信仰の力を深く教えられたのは、私自身でした。それからは、地球を半周して次々と日本から祈りのはがきが届くたびに、しみじみ神の愛がこころに染み、涙が出ました。

悲しみの時も喜びの時も皆といっしょにここにいようと、思いを熱くさせられたことでした。

(オリンダ通信第二号・二〇〇九年一一月一二日発行)

＊1　ブラジル、レシーフェ生まれの著名な教育学者。著書『被抑圧者の教育学』は諸国の言語に翻訳され読まれています。

＊2　『福音と世界』（新教出版社）二〇一〇年一月号に松本敏之牧師による報告記事「大地の底、アマゾンからの叫び」が掲載されています。
また、同記事をラキネットの一〇年史『ポーボの風を受けて』でも紹介しています。

新たなチャレンジ

この二月末で、三年任期の最初の一年を過ごしたことになります。日本人が一人もいない教会で、日本語をまったく使わない宣教奉仕がどんなものかを体験してきました。聞いてもよくわからない、言いたいことが言えないもどかしさに我ながらよく耐えています。けれども、周りの人々との関係はとても良くいっていると思います。疲れて気分が落ち込んだときには、ジョアン・ペソアのジュニオラードでリフレッシュしています。

二年目に入った宣教生活の新たなチャレンジについてお伝えしたいと思います。

新しい生活

今年二月から、友人ジャニのアパートからレシーフェに引っ越し、今までとはまったく違う生活が始まっています。今度は海辺ではなく、カトリック大学から歩いて一〇分の住宅街で、古いアパートですが六階で見晴らしがよく、風通しがいいので気に入っています。このアパートから、アルト教会まではバス一本で行けるので、遠くなったわけではなく、昨年と同じように教会生活を続けています。

このアパートに、ブラジル人の男の子二人を同居家族として迎え、共同生活を始めました。一人は、前号ですでに紹介した、家と学校から追い出された問題の少年。ミゲル神父の仲介でカトリック大学の管轄下にある公立学校の七年生に無事編入が認められ、この二月から通学しています。もう一人はミゲル神父の甥《おい》で二二歳の青年。やはりこの三月から音楽学校でピアノを学び始め、近い将来、連邦大学の音楽科の受験を目指しています。

私はどうも物事をあまり深く考えずに行動を起こし、体験しながら事柄の内実を理解していく人間のようです。この共同生活の発端も、ジャニの家族の事情から引っ越しの必要性が生じ、私がアパートを決めたあと、青年との同居の話が持ち上がり、その後、少年の転入学が許可されるという具合でした。私が自分の意志で決めたというより、外からの強い意志で動かされたような感じでした。

私は三人の息子を育てており、男の子の母親役には苦労よりも慰めと喜びを感じる人間です。けれども始めてみたら、予想をはるかに超えて大変な生活が現れてきました。

まず日本人とブラジル人の文化の違いというものがベースにあります。それに加えて、男の子たちがその成長過程で身に付けた生活習慣や行動原理というものが、私には理解しがたいことが多く、さらに言葉が不自由で言いたいことが十分伝えられません。

三カ月たってだいぶ事柄の真相がつかめてきて、少年の補習授業、心理療法士との面談など必要な手だてを整えつつあります。毎日、いのちのエネルギー全開の生活で、ぜい肉が取れてずいぶんスリムになりました。土、日は二人ともそれぞれ自分の家族や親戚の家に戻るので、しばらくは放心状態です。

新生活の意義と喜び

ブラジルの負の歴史的遺産は、植民地支配と奴隷制度がもたらした貧富の大差と、富裕な権力者たちの腐敗、多くの貧困層の家族文化欠損という状況でしょう。それは少年の育った一三年間の環境そのものです。私はこれまで頭で知っているつもりだったことを、一人の男の子のいのちとつながることで、初めて生身の体で学ばされている気がしています。貧困と、安全でない家庭環境がどんなに人格のゆがみをもたらすか。そこから脱出し、受けてきた傷をプラスの意味合いに転化し、固有の人格として統合していくまでには、時間をかけて癒やしのプロセスをたどる必要があるでしょう。この少年は一人の小さな犠牲者なのだと思います。

日々やっかい事を起こす彼を赦し受け入れることができない自分と向き合うたびに、回心を迫られているのは私の方だという反省を与えられます。私自身が神の無償の愛で満たされていなければ到底やっていけない、その愛への渇望はとりもなおさず、日々キリスト信者にさせられていく体験として、私を復活のイエスに結びつけてくれます。私はこの生活によって、キリスト信仰の根本を真摯《しんし》に生きざるを得ないように導かれていると思うのです。

こう思い至ると、困難な状況にあってもなお、こころに喜びが湧き起こってきます。そして、アルト教会の信徒たちの信仰はまさしくこれだと共感できるようになり、やっと私も彼らの仲間になりつつあると喜んでいます。六〇歳を過ぎた私の、たぶん最後になるであろう宣教生活に、このような出会いと体験を与えられたことはなんと幸いでしょう……。そう思うと、こころからの微笑《ほほ》みをもってまた少年を迎え入れることができ、そうすることによって自分らしさを取り戻せたように感じ、こころが落ち着きます。

青年の方はカトリック信者の中流家庭で育ちましたが、途中ひきこもりの時期があったそうで、まだ高校生のようです。彼は超偏食で食事作りに苦労しています。またごく最近、肝臓移植手術を受けた父親が、予期せず術後に召されてしまうという出来事が起こり、彼も新たな人生の困難に直面しています。

このような二人の人生の問題に関わるには、私はあまりにも訓練不足で許容量の小さな人間ですから、しばし限界状況に陥りますが、自分の力でなんとかしようとは思わず、周りにある良きネットワークに常にSOSを発信し、解決の手だてを得るようにしています。この小さな共同生活がエキュメニカルな性格を帯びていることは確かで、カトリックの友人たち、プロテスタントの仲間が皆で支え、応援してくださることも私の喜びとなっています。

宣教の足場の確認――ドン・エルデルの軌跡をたどる

話は少しさかのぼりますが、昨年の年明け早々に、日本にいる私のところに、ひとりの神父からある冊子テキストがメールで届きました。

『ドン・エルデル―生誕１００年 その追憶と預言―』（DOM HELDER：memória e profecia no seu centenário 1909-2009）と題されたその冊子（ドン・エルデル・カマラ協会制作）は、フランスを皮切りにヨーロッパ各地とブラジル国内で広範囲にわたって開催されたエルデル・カマラ大司教*に関する展示会の内容を紹介するものでした。彼の生涯の軌跡が写真と共にコンパクトにまとめられており、これを日本語に訳して、ぜひ日本の人たちにも紹介したいと思いました。

けれども、私はブラジル赴任前で忙しく、とても訳している時間がないので、ラキネットの仲間に翻訳作業を託してオリンダへと出立したのです。

スタッフが熱心にこの翻訳作業を進めて、七月初旬には私のところに校正の依頼が届きました。そこで、九月に予定されているラキネット研修会に発行が間に合うように、急ピッチで校正作業に取り掛かりました。難解なポルトガル語を丁寧に読み進めていくうちに、私はこの冊子が物語るドン・エルデルの信仰と生きざまにぐいぐい引き込まれ、深い感動を覚えたのです。私が今身を置いているこのレシーフェとオリンダで彼は大司教時代と引退後、生涯を閉じるまでの三五年間を過ごしています。友人ジャニは青年活動で、ドン・エルデルの人となりにじかに接していたそうです。

〈冊子の中でこころ打たれた言葉〉

・キリスト生誕から２０００年経った現在、人類の３分の２が人間以下の生活条件のもとで、貧困と飢えにあえいでいる。３分の２以上の神の子が非人間的条件下で生きている。全人類の20％の人間が地球上の富の80％を消費し、残りの80％の人間はその富の20％以下で満足せざるを得ない…。

カトリック大学の壁にドン・エルデルの肖像画（2009年）

・事実、この第三世界で人々と寝食を共にし、彼らを援助するために命を捧げることは可能かもしれない。しかし、あなたたち（裕福な兄弟）の側で様々な変化が起これば、私たちの間でも本当の変化が起こり始めることが、次第に明らかになってきた。

（ペイショット・法子、大久保徹夫訳『ドン・エルデル—生誕１００年 その追憶と預言—１９０９‐２００９』ラキネット出版、二〇〇九年、二頁および一六頁）

この小さな私も、及ばずながら先進国の一員として回心し、ブラジル宣教師となって、ドン・エルデルの軌跡の後ろを歩まされている、という気づきを与えられました。

ここまでの道程を振り返る

もう二四年も前のこと、一九八六年四月に初めてブラジルと出会いました。学童期の息子三人といっしょに会社員だった夫のサンパウロ転勤に伴っての移動でした。

日本企業の一員であることは、いや応なしにブラジル社会の数パーセントの金持ちの生活を保障されていました。そこで目にしたのは、多くの路上生活者の姿でした。そして、その横をなすすべもなく通り過ぎながら「キリスト信者であること」を強く問われました。そして、世界の「構造的罪」の問題は、先進国の一員である自分の問題であると示され、生き方を変えるように促されたのです。

この第二の回心は、ブラジルで貧困と苦難を負う民衆との出会いがなければ決して起こらなかったでしょう。それは彼らの苦難の中に十字架を負うイエスの姿を見、私が新たに福音――罪の赦しと神の愛――と出会う体験でした。そしてまた、その民に仕えている一人の日本人宣教師の「イエスの似姿」に、強く惹きつけられたことも大きな誘因でした。人生の後半をブラジル宣教にささげよう、個人的信仰深さでは解決のつかない世界の貧富の差を乗り越えて、共に生きる関係づくりの懸け橋として生きていきたいという願いが与えられました。

九〇年末に帰国後、五年間、宣教師になるために準備し、九六年から二〇〇六年まで夫と共に教団宣教師としてサンパウロにある日本人教会を拠点に働きました。難病に倒れた夫と〇六年に帰国、夫が召される時に「あなたの使命を自由に果たしなさい」と言い残し、そのための経済基盤も遺してくれました。

またラキネットが夫の遺志を継いだ形で発足し、「交流と連帯」を活動目的のひとつとしています。〇九年三月、私は教団から派遣された宣教師としてブラジル・メソジスト教会に赴任しましたが、同時にこのラキネットの一員としても、ブラジルの貧しい共同体との「交流と連帯」の橋渡しの役をすべく歩み出したのです。

ドン・エルデルの生誕一〇〇年のまとめを学んで、気がついたことがあります。私たちがブラジルと初めて出会った一九八六年は、軍政が終結した年で、その前年にドン・エルデルは保守派によって大司教の座を追われ、悲痛な生活を余儀なくさせられていました。九九年にブラジリアで私が三カ月間の語学研修を受けていたとき、たまたま上院議会を訪問見学中に、議員たちが彼の誕生日を覚えて次々に祝辞を述べるのに驚かされたことを思い出しました。政治家たちからもこんなに尊敬されているエルデル・カマラ大司教とはどういう人物だろうと。

そして彼が逝去したのが同年八月、私はその翌月、九月に日本で正教師試験を受けて合格、一〇月二五日に按手礼を受けようやく牧師として立たせられたのです。昨年〇九年に按手礼満一〇周年を迎え、アルト教会の皆さんに囲まれて祝っていただきながら、ノルデスチの民衆の間にいる自分を不思議に思ったのでした。

ドン・エルデルの生涯と、自分の人生のつながり具合が見えてきたとき、そこに大河の流れのような神のご意思が働いていると気づかされます。一筋の水流にすぎない小さな者であっても、大河に参入していくことをイメージすることで、勇気と忍耐を新たにさせられています。

（オリンダ通信第三号・二〇一〇年五月二五日発行）

＊ドン・エルデル・カマラは日本ではほとんど知られていませんが、ラテンアメリカ、ヨーロッパ諸国では非常に有名な大司教で、ブラジルでは「ファヴェーラ（スラム街）の大司教」として知らぬ人はない存在です。軍事政権下の一九六四年より八五年までペルナンブコ州のレシーフェ／オリンダ管区の大司教でしたが、バチカンや政治社会の保守派から迫害されて退任。解放の神学をその生きざまを通して実践し、召天後も今日まで大きな影響力を保っています。その思想と行動はまさに現代の預言者とも言われるほどです。「貧しい人々に食べ物を与えると、世の人々は私を聖人と呼ぶ。なぜ彼らは貧しいのかと問うと、私を共産主義者と呼ぶ」という彼の言葉は、現在も同様の迫害が起こる状況の中でしばしば引用されます。

郵便はがき

112-8790
105

料金受取人払郵便

小石川局承認

8257

差出有効期間
2026年8月31日
まで
(切手不要)

東京都文京区関口1-44-4
キリスト新聞社 行

お買い上げくださりありがとうございます。
今後の出版企画の参考にさせていただきますので、ご記入のうえ、
ご返送くださいますようお願いいたします。

お買い上げいただいた本の題名

ご購入の動機　1. 書店で見て　2. 人にすすめられて　3. 出版案内を見て　4. 書評(　　　　)を見て　5. 広告(　　　　)を見て　6. ホームページ(　　　　)を見て　7. その他(　　　　)

ご意見、ご感想をご記入ください。

キリスト新聞社愛読者カード

ご住所　〒

お電話　（　　　）　E-mail

お名前　性別　年齢

ご職業　所属教派・教会名

キリスト新聞の見本紙

要　・　不要

このカードの情報は弊社およびNCC系列キリスト教出版社のご案内以外には用いません。
ご不要の場合は右記にてお知らせください。　・キリスト新聞社からの案内　要　・　不要
・他のキリスト教出版社からの案内　要　・　不要

ご購読新聞・雑誌名

朝日　毎日　読売　日経　キリスト新聞　クリスチャン新聞　カトリック新聞　信徒の友　教師の友
礼拝と音楽　本のひろば　福音と世界　百万人の福音　舟の右側　その他（　　　）

お買い上げ年月日　年　月　日

お買い上げ書店名

市・町・村　書店

ご注文の書籍がありましたら下記にご記入ください。
お近くのキリスト教専門書店からお送りします。
なおご注文の際には電話番号を必ずご記入ください。

ご注文の書名、誌名　冊数

冊

冊

冊

主イエスの声を聞きながら

待降節に入り、ここ、真夏のレシーフェでも街の至るところに飾られたイルミネーションが嬉しげに、ナタール（クリスマス）が近づいていることを告げています。

私は九月一八日にレシーフェを発ち、まる二カ月間の一時帰国を過ごしてまたレシーフェに戻ってきました。

実はこころの健康を損ねて、精神科医の薬を服用しながら帰国しました。それで、なんとか前半に定められた宣教報告と交流の仕事を終えたあとは、ほとんど家族中心に過ごしました。三年ぶりの家族全員集合で、四人の孫たちの可愛《かわい》らしさに慰められながら、よく話し、よく笑い、よく食べ……。楽しかったけれど、またまたぐったり。

「いつも元気印」でない私の状況をこのように正直にお伝えするのも、たぶん大切なことなのではないかと思います。でも今はコントロールして、疲れ過ぎないように気をつけながら普通に生活できていますので、どうぞご心配なく。皆さまのお祈りとご支援をこころから感謝しています。

「できること」と「できないこと」を識別する

原因は、前号でお知らせしたメニーノ（男の子）との共同生活のストレスであろうことは間違いなく、心身の限界に突き当たったのでしょう。

「マキコ、やってみるかい」と神さまからこの子を託されたように感じていたので少々のことでは決してあきらめないと覚悟を決めていたのですが、次々に発生する問題の深刻さには頭を抱えるばかり。何度もこちらがパニックに陥ってジョアン・ペソアに電話すると、ホベルト神父がこう言ってくださいました。

「マキコ、できることとできないことを識別し、できることをしたらいいのだよ。神さまはあなたにできないことまでするように望んでおられないと思う。あなたは大事な使命を負ってここにいるのだから、この問題で自分をそこまで追い込んではいけないよ」

イエスの声を聞いたようでした。それでも、一度関わりを持ったメニーノの行く末を思うと簡単には手放せません。イエスさまにすがりながら生活を続けているうちに、一睡もできなくなる日々が続くようになり……。ミゲル神父も、私がよりよく理解し決断できるように丁寧な手紙を書いて、メニーノと私を呼び出して双方にわかるように説明してくださいました。そのようにして、やっと共同生活をあきらめることを受け入れたのです。悲しく辛い決断でしたが、神さまがこの子を見捨てたわけではなく、別の形できっと道が開けてくることを信じて委ねることを学ばされました。

彼を自宅に帰してからも通学のための経済的支援は続けていますが、案の定、彼の状況はいっそう悪い方に転じていくように見え、心配しつつ、この事態をあとにして、私は今回ホベルト神父を同伴して日本へ旅立ちました。

ひとつのエキュメニカル交流の実現

ジョアン・ペソアはレシーフェから北へ高速バスで二時間半ほど行った都市で、パライーバ州の州都です。そこにイエズス会員養成コースの一般教養課程にあたるジュニオラードがあります。

ホベルト神父は二〇〇一年からそこで教育主任を務め、〇二年に初めて出会って以来の友人です。日本からの訪問客があるたびノルデスチへご案内し、英語が堪能な神父の協力を得て有意義な交流を続けてきました。特にオリンダの教会へ赴任してからは、私にとってそこは魂の深呼吸をして元気を回復する大事な隠れ家となりました。

さて、ホベルト神父が一〇年を最後にして、ジュニオラードの仕事から他の任地へ異動されることになると知ったのは一昨年のことでした。何か感謝の意を形に表したい、彼を日本へ招いたらどうかという願いが私のこころに生まれふくらんでいきました。ほかの人たちからも同じような声があがり、昨年一〇月、たまたま個人的に一週間日本に滞在していたのでラキネットの世話人会に出向き、そこで正式にホベルト神父を日本へ招待することが承認されたのです。

ホベルト神父も大喜びでこの招きに応じてくださり、イエズス会の長上の許可を得てから、この旅行企画のために日本とブラジルの双方で入念に準備を重ねました。

彼の希望は、①日本という異文化社会と人々との出会いと交流、②他教会とのエキュメニカルな対話、③他宗教との対話、という三点にありました。

他方、ラキネット側では、ホベルト神父の経験を踏まえた二つのテーマで彼に講演を依頼し、三カ所で実施する計画を立てました。

講演題と日時・場所は次の通りでした。

・講演Ⅰ＝「キリスト教基礎共同体と解放の神学――教会の新しいあり方を求めて」

①九月二三日ラキネット聖書研修会（明治学院大学・戸塚ブラウン館）

②一〇月一日上智大学*

・講演Ⅱ＝「神学生養成と宣教――現代世界におけるイエズス会の後継者教育」

九月二九日 農村伝道神学校

いずれの講演も拙い私が通訳を仰せつかり、五月頃から二人で準備を重ねました。この仕事が私個人にとっても本当に良い訓練と学びになったことは言うまでもありません。質疑応答では、私の語学力では不足でしたから、周囲の人々に助っ人をお願いして、英語とポ語と日本語を駆使して貴重な意見交換をすることができました。

他宗教との対話に関しては、横浜市鶴見区の曹洞宗總持寺で二日間、修行僧といっしょに参禅を体験することができ、とても有意義だったようです。夜は指導僧の方からの質問攻めで、あまり寝る時間がなかったとか。

後半は京都―広島―九州（瀬高、阿蘇山、各地温泉、長崎）の旅を楽しみました。恩師や友人方に各地で受け入れと案内をしていただき、また、広島と長崎ではそれぞれイエズス会修道院の神父たちとの出会いと交流もあり、大変楽しく有意義で、また内容の濃い旅をすることができました。

ホベルト神父はどこへ行っても持ち前の明るさと親しみやすさで人々に好感を与え、正座して習字を習ったり、お箸を上手に使って日本食に舌つづみを打ち、温泉宿ではゆかたを着るなど、終始、旅路を満喫しておられました。お世話になったすべての方々にこころより感謝いたします。

ブラジル宣教報告会

九月二六日、横浜港南台教会で、礼拝説教「愛の神が共にいます――オリンダの教会生活より」（ヨハネの手紙一　四章七～一二節）をしました。

貧富の差の大きいブラジルにあって、経済発展から取り残されている居住区にあるアルト教会の活動、信徒たちの信仰の力と喜び、涙、愛情深さ、助け合う姿を通して、私がどのように信仰を学び、慰めと勇気を得ているかを語らせていただきました。

午後三時からの報告会では、語った言葉を映像で裏付けるときとして、たくさんの写真とビデオを紹介し、理解を深めていただけたと思います。

（オリンダ通信第四号・二〇一〇年一二月一〇日発行）

＊　ホベルト神父の講演内容はイエズス会社会司牧センターのホームページに「【解放の神学】キリスト教基礎共同体と解放の神学」と題して掲載されています（https://jesuitsocialcenter-tokyo.com/%E3%80%90-%E8%A7%A3%E6%94%BE%E3%81%AE%E7%A5%9E%E5%AD%A6-%E3%80%91-%E3%82%AD%E3%83%AA%E3%82%B9%E3%83%88%E6%95%99%E5%9F%BA%E7%A4%8E%E5%85%B1%E5%90%8C%E4%BD%93%E3%81%A8%E8%A7%A3%E6%94%BE%E3%81%AE/）。

力は弱さの中でこそ

オリンダでの宣教生活も三年目に入りました。

私は昨年の一時帰国を終えて現場に戻り、休む暇なく報告記の作成や翻訳、クリスマスから年末年始までの教会奉仕が続き、一月二日の説教を果たしたあと、床から起き上がれなくなってしまいました。それ以後、教会の奉仕を全部休んで休養しています。

昨年一年間ここに同居していた青年は、幸い連邦大学に合格して二月末に帰郷しましたので、三月からは広いアパートに一人暮らしとなりました。

私が弱さの中で過ごしている間に、日本では三月一一日の大地震と津波による多大な被害に加えて、原発事故による放射能汚染問題が深刻化し、本当に状況が一変してしまいました。遠くにあって、被災された多くの人々の苦しみ悲しみ、忍耐を想像し、また様々な形で展開されている救援活動を覚えて日夜お祈りをささげています。

私の方は、休養のかいあって最近は心身ともだいぶ回復してきたように感じます。単純に体を動かす生活上の用事はこなせるようになりましたが、頭を使う仕事がもうひとつというところで、集中できず思考がよくまとまりません。日本語ならいくらか読んだり書いたりしていますが、ポ語ではまだとても仕事に取り組む意欲がわかないので、ただ礼拝と祈祷会に参加するだけの日々を過ごしています。教会では、こころをこめたお祈りとアブラッソ（抱擁）で弱い宣教師を受け入れ、慰めてくださって、「宣教師は存在するだけでよい」という先達のことばが身に染みてありがたく思われます。

昨年、私は六三歳の誕生日を迎えました。私の母が長い療養生活の末、生涯を閉じた年齢です。やはりとても感慨深く、介護生活の折節を思い起こしながら、自分の生涯の終わり方についてもずっと意識的に考えるようになりました。

母の最晩年を在宅介護した私は、「どんな状況にあろうと人間は生きているだけで尊い価値がある」という根源的ないのちのメッセージを受け取ったのです。そこから、私の人生はまったく予期しない方向へと展開しました。これまでブラジルと日本の間を何度行き来してきたことでしょう。

祈祷会の機会に「母は動けなかったけれど、私の存在の中で母の永遠のいのちが働き続け、私をここまで動かしてきたのです」と証しすると、イヴァン牧師も信徒たちもよく聴いてくださり、胸がいっぱいになりました。神さまのなさることは本当に不思議です。

晩年の母を思うと、自分が今何もできずにいることが少しもいやではなく、ゆっくりした時の中で次から次へと観想し、守られていることを感謝し、すべての苦しみの中にある人々を思って祈ることを大切にしています。外を歩けば、日ごとのパンに困っている人が大勢いる中で、私には何もしなくても生活に困らないという恵まれた状況を与えられて、もっと、もっとイエスにならい、謙虚に自分の献身の道を生きていかなければ、とこころは燃やされています。

ある母親の回心物語

今年の二月に歯の治療のため小さな手術を受け、医師の指示で抗生物質を服用したところ、薬物アレルギーを起こしました。日本ではそんなことは一度もなかったのですが、ブラジル人の薬はしばしば日本人には強すぎると言われています。すぐに服用をやめて様子を見ましたが、次々と全身にかゆい湿疹が出て、皮膚科に通院して三カ月たつのにいまだに解決しません。

そんな不調のさなかで、私のメニーノがまた問題を引き起こし、私は一睡もできなくなりました。彼の問題に巻き込まれるたびにうつが悪化するので、ついに精神科医から、当分の間は少年の世話をしてはいけない、離れているようにと申し渡されてしまいました。

彼の家は狭い二部屋に家族七人が寝るのがやっとで、調理の流し台も勉強する机もありません。彼の姉は、昨年彼を自宅に戻さざるを得なくなった段階で家から出ていき、恋人の家に同居するようになりました。現在一八歳で妊娠四カ月です。

こういう現実の中、実際、彼の世話を全部母親がすることになって、二カ月後にはとうとう彼女が私と同じように限界状況に突き当たってしまったのです。

礼拝前、早めに着いて教会の一室で休んでいる私のところに彼女が相談に来て、苦情と不眠を訴え「もうあの子に我慢できない。死んで天国にいるママイ（母）のところへ行きたい」と泣き出しました。私は彼女をしっかり抱きしめ「あなたの気持ちはよくわかるわ、わたしも同じだったから」と言いました。もう行き詰まりです。どうしたらよいのかわからず思わず「イエスさま、助けて！」と祈ると、彼女は体を離して怒ったように言いました。

「神さまは私のことなんか忘れているのよ。私の方をちっとも見ておられない！」

「いいえ、神さまは決してあなたのことを忘れてはいないわ。いつも心配しておられるのよ。あなたこそ今まで一度だって本気で神さまにこころを向けたことがある？　誠心誠意神さまを求めたことがある？」

使える単語を総動員して投げかけた私の言葉が、苦しむ彼女の魂に届いたようです。その週、彼女は祈祷会の終わり頃に姿を現しました。次の日曜日には、礼拝開始から私のすぐ後ろに座り、ときどき涙を流しながら皆といっしょに賛美し、信徒の証しを聞き、イヴァン牧師の説教を最後までじっと聞いていました。途中、少し遅れて来た娘も母親の隣に座っていました。

力強いメッセージのあと、牧師は会衆に向かって語りかけました。

「今晩、み言葉を聞いてイエスさまを救い主として信じよう、または長く離れていたけれどもう一度イエスさまとの約束をやり直そうと思う人は、前に出てきてください。あなたのために教会の皆さんといっしょにお祈りしたいと思います」

この招きの言葉が終わるやいなや、すくっと立ち上がって彼女が前に出ていったのです。私はびっくりし、すぐには信じられませんでした。もう一人女子高校生が出ていき、そして最後には彼女の娘も前に出ていきました。

彼女たちと親しい教会員といっしょに私も前に立ち、肩に手を置いて、牧師といっしょに祈りました。それから三人が、牧師の導きにそって一人ずつ信仰を言い表す祈りをささげました。なんと喜びと感動に満たされたひと時だったことでしょう!

それ以来、彼女は礼拝や祈祷会に参加するようになり、顔つきも変わってきました。何よりも、問題の息子に手を焼くあまり、母親自身が彼に悪態をついて余計に事態を悪くしていた、その悪い流れが変わってきたのです。少なくとも母親らしい振る舞いや気遣いが現れてきました。すると少年自身の態度も落ち着いてきたように見えます。

昨年は学業には全然身が入らず、授業をさぼったり悪ふざけをしたりして、先生や学友に迷惑をかけ、成績は進級すれすれの低空飛行でした。ポ語だけは合格点に達せず、二月の新学期に入るとすぐに再試験があるというので、一月の休暇中に高い授業料を払って個人授業をしてもらいました。補習のかいあって次の試験で進級を認められ、ほっとしました。

八年生になってからは、私生活の悪行とは反対に学習態度は良くなり、授業中、彼の意見を友だちが注意を払って聞くようになったそうです。その学校で生徒の世話をしているイエズス会の修道士(ブラザー)が私に協力して彼をよく見ていて、時折報告してくれます。最初の試験ではほとんどの科目の得点が急上昇しました。

ただし、これですっかり彼の問題が解決したわけではないことがすぐに現れました。試験の結果が良かったことを私にコレクトコールで知らせてきて、自分の誕生日にカメラを買ってほしいと言うのです。ある事件があって、誕生祝いは一カ月前にすでに買い与えたのに。

私は次の日曜日に彼の家を訪ね、二人きりになって諭しました。勉強は自分のためにするのであって、母親や私を喜ばすためではないこと。良い点を取ったことで何か褒美を期待するのは間違った態度であること。健康を害している私にいきなり電話してきて、挨拶や気遣いの言葉を何も言わず、自分の願望だけ言ってすぐに電話を切る態度は、大変ぶしつけで自己中心的であること。

「こういう態度では将来人間関係がうまくいかない。それを心配して忠告するのよ。今まで誰もそういうことをあなたに教えてくれる人がいなかったのでしょうから」

彼は私の助言をおとなしく聞き、「ごめんなさい、マキコ」と言いました。

次に買ってほしい物が出てきたときには初めに「お元気ですか」と挨拶したので、まずまずの効果が現れています。しかし、まだまだ私を「お金を引き出すマシーン」のように思っている節が見え隠れしていますが……。

医師からも友人からも彼から離れるようにと言われても、現実はそういう具合で、関わらざるを得ないことが多々あります。けれども、彼の中でも何か変化が始まっているように思え、希望を持って彼の成長を祈り続けています。*

成長してきたアルト教会

個人的な物語を細々とつづりましたが、アルト教会の方は、私が身を引いていても、昨年から今年にかけて素晴らしい成長ぶりを見せています。

ひとつは、日本から寄せられた音楽献金の成果が明確に現れてきて、教会を活気づけていることです。マイクやスピーカーなどの音響設備を整え、練習用ギターを増やして生徒たちが家で練習できるようにしました。

さらに今年初めに若者の希望を取り入れてドラムセットを購入したら、礼拝賛美は一段と盛り上り、私は慣れない大音響に耐えながら喜んでいます。

また、ドラム教室を新たに開始し、その講師がエレクトーンも教えられると言うので、中断していたエレクトーン教室も再開して音楽活動はとても充実してきました。一〇歳くらいから中年の大人までの生徒たちが喜んで参加しています。わずかの月謝を払うことになっていますが、実際は払えない家庭が多く、音楽活動継続のためには日本からの支援金が有効不可欠の手立てとなっています。

二つめは、イヴァン牧師と二名の信徒リーダーで構成されている宣教牧会委員会（仮名）の考案によって、奉仕グループの組織化が進められ、より多くの信徒が教会活動の責任と仕事を分担するようになってきたこと。

三つめは、イヴァン牧師が任命されているもうひとつの教会、カイシャ・ダグァ教会と協同して月に二回、土曜日に青年礼拝を行うようになったこと。この礼拝は青年たちが主体的に企画し、説教も担当しています。

引き潮のように私が後ろに下がっていくと、それに反比例するように、信仰共同体の中にはいのちが満ちてきて「私たちの内には死が働き、あなたがたの内には命が働く」というパウロの言葉（Ⅱコリント四・一二）を思い起こしています。

（オリンダ通信第五号・二〇一一年五月三〇日発行）

＊　実際、この母子の生活状況は、ここに記述したようなポジティブな方向には進まず悪循環を繰り返しました。私はメニーノが無事に高校を卒業するのを見届けたあと、宣教任期が終了したのでオリンダを去り、それ以後はこの母子との関わりを断っていました。私の祈りが聞かれたのはそれから一二年後でした。彼は大学で社会福祉科を卒業し、現在二つの市の福祉課で研修中だということを、ある知人のメッセンジャーを介して伝えてきたのです。過去の悪行の数々をこころから謝り、「自分は別人になって家族への責任を果たしています。長い年月がかかったけれど、やっと本当に自分がしたいことを見出すこ

とができとても嬉しい」とつづられていました。奇跡のような知らせでした。なんと嬉しかったことか！

夜明けを待つこころで——詩編一三〇編

「私の魂はわが主を待ち望みます
夜回りが朝を、夜回りが朝を待つにも増して。」（詩編一三〇編六節）

助走期間

オリンダに赴任して三年目の後半を過ごしています。心身の健康もほぼ回復して元気になりました。多くの方々のお祈りとご支援に感謝しつつ、まずそのことをお知らせしたいと思います。

振り返って、この初めの三年間は助走期間だったという思いでいます。圧倒的な不自由の中に身を置き、忍耐して一足一足、歩いてきました。

一年目は言葉の理解、文化や生活習慣、気候、食べ物に慣れること、異国に日本人として一人で生活することが、なんといっても大きな課題でした。アルト教会の人々が温かく迎え入れてくださったので、わからないながらも「神の家族」と共にある安心感の中で過ごせたと思います。イエズス会の神父や青年たちとの交友にも大変支えられました。

二年目になり、教会学校のある少年の窮地に接したのがきっかけで、彼を救い出したい一心でレシーフェに引っ越し。もう一人の青年も加えて共同生活が始まりました。そこからが予想外の困難の連続で、体調を崩してしまいました。ここで、外地にいる宣教師は自分の心身の限界というものを見極めなければいけないことを学びました。「他者をケアする人は、まず自分自身をよくケアしなければいけない」と友人神父から諭されました。

今年の初めから、礼拝説教などの仕事をいっさいやめて休養することを余儀なくされ、加えてしつこい皮膚疾患に悩まされ、一時帰国して検査入院し病名を突き止めた次第です。加齢に伴う慢性的な疾患で完治しないとのこと。

けれども幸いなことに、ブラジルに戻ってから心身ともに病状は快方に向かい、八月から少しずつ仕事に復帰しています。

また、新たにミゲル神父の姪《めい》で、働きながら夜間の学校で服飾デザインを勉強している女学生といっしょに住むようになり、共同生活も今度はうまくやっています。

地域の中へ

八月から毎水曜日の朝、教会に隣接する保育園で、子どもたちと職員のために短い聖書の時間を担当することになりました。毎回最後にヴァイオリンの小曲を演奏するので、子どもたちはとても楽しみにしています。

この奉仕をするため、火曜日の夜には保育園の厨房で働いている教会員Nさんの家に一泊します。火曜に祈祷会に参加して帰宅すると夜一〇時過ぎ、翌朝また六時半に家を出るのでは体力的にきついので宿をお借りしたのです。

この宿泊によって、地域の教会員の現実の生活を知るとても貴重な体験をしています。Nさんは夫と息子夫妻、生後八カ月の孫といっしょに質素な家に住んでいますが、家族の絆がとても強く、仲良く暮らしています。外から眺めているだけでは知りえない状況です。「牧師が泊まってくださる」と喜んで迎え入れられて、私は安心してお世話になっています。そのお礼に彼らが必要なものを差し入れ、この助け合いの関係を喜んでいます。

また、一昨年、Nさんとペアで地区を訪問伝道したときに、道のひどく悪い坂の下の家に車椅子の若い女性が閉じこもって、何の交わりもなく孤立していることを知りました。私の不調が続いていたのでその後訪問できず、いつも気にかかっていましたが、最近、やっとNさんとこの娘さんの家を再訪することができました。折り紙の本を見せたらとても興味を持ち、習い始めて、次はいつ来てくれるのと待ち焦がれています。日曜日の午後に定期訪問をしています。このようにして、三年目の終わり頃になってようやくアルト地区の中に足を踏み入れられるようになり、歩いている途中で「パストーラ（牧師）！」とか「マキーコ！」と声を掛けられると、やっと宣教師として認知されてきたと嬉しくなります。

悪路をNさんがいつも付き添ってくださり、迷える牧師を羊が守っているから安心だね、と二人で笑っています。

クレシェ・ジェンチ・ノーヴァ（保育園「新しい人々」）

アルト教会の創立者ダヴィ牧師は、まず社会奉仕の一環として託児所を始めたと聞いています。一九八六年のことでした。当初、教会はこの託児所の一室を借りて礼拝を開始したそうです。

保育園には現在九二名の登録があり、二歳から六歳までの子どもが無料で保育を受けられます。四歳と五歳のクラスはオリンダ市から教師が派遣されてきて、幼児教育を実施しています。けれども親が幼児教育に不熱心で、実際、保育園に来るのは午前から夕方までの子どもが三〇名足らず、午後から来る子どもが二〇名弱。家庭ではあまり子どもの世話をせず、中には虐待さえ起こっているケースがあるようです。

市は職員や教師を契約で派遣してきますが、契約切れで人員を解雇しても次の派遣が遅れるので、保育園はいつも人手不足。園長も総動員で、歯磨き、シャワー、食事、昼寝と、怒鳴るような大声で子どもの世話に当たっています。なんと日本とは違う環境でしょう。遊具はひとつだけ市から支給されたものが庭にあるだけで、ほとんど子どもたちが外で遊んでいる姿を見たことがありません。檻《おり》の中に閉じこめられたような園生活にため息をついてしまいます。それでも、子どもたちが人なつこく、いきいきした表情で元気に遊んでいるのを見るとほっとします。

コミュニティ・センター建設計画

教会に隣接する土地に、コミュニティ・センターとして新しい保育園を建設することが、アルト教会の長い間の夢でした。この土地はもともと教会の所有地だったのですが、保育園の運営も土地の権利も、現在はノルデスチ教区の管轄になっていて、この地区と直接関わりのない女性牧師が建設責任者となり、事実上、何年も棚上げ状態が続いていました。

昨年来、私は少しずつ彼女を励まして、今年の初めから、イヴァン牧師、保育園の運営責任者と私、もう一人の牧師を含む五名の建設運営委員会を構成し、具体的に相談を始めました。しかし、いろいろ複雑な手続きがあるのか、物事の運び具合が超スローテンポで、日本人の感覚では信じられないほどです。自分ばかり勇み足をしても仕方がないので、現地の事情に則してじっと忍耐し、待つばかりです。なんとまァ、忍耐力だけは大きく育ったことか。「愛は忍耐強い」（Ⅰコリント一三・四）。

七月半ばに一二名の建築ボランティア・チームがアメリカのヴァージニア・メソジスト教会から送られてきたのですが、その前に整地と基礎工事をしておくべきだったところを、まったく何もしていなかったので、結局そのグループは、現在ある保育園施設のペンキ塗りをしただけで、少しばかりの献金を置いて帰っていきました。ただ、今後の計画について説明し、地区の現実の状況を見てもらったことは評価できると思います。来年も、グループを送ってくれることを約束してくれました。

そのような経緯があって、よりよく地域の子どもたちとその家庭の実情を知り、センター建設に協力するために、私も八月から保育園の奉仕を始めたのです。

子どもも大人も貧困と家庭文化の欠損、非人間的状況の中で一生懸命にその日、その日を生きています。しかし、麻薬、犯罪、虐待など不幸な出来事も多発しています。なんとか新しい幼児教育施設を建設し、併せて地域の家庭生活の改善、支援活動もしたい、若者には能力開発の機会を与えたい。コミュニティ・センターとアルト教会を拠点として、福音を宣《の》べ伝えると同時に信仰を実践したいと、皆でいつも祈り願っています（コミュニティ・センターについては本書一八七頁以下で詳述）。

創立二四周年感謝礼拝

アルト教会の必要のために音楽献金と施設献金を日本とサンパウロの教会関係に呼びかけて、たくさんの方々から協力していただき感謝しています。

その成果が現在目に見える形で現れてきて、多くの新しい青年が教会に集うようになりました。礼拝は、ギターとドラムの音響のもとで元気あふれる賛美の歌声とダンス、証しなどによって進められ、説教は牧師以外にも信徒たちも担当しています。

九月二四日、二五日の二日間、教会の創立二四周年感謝礼拝を行いました。床のタイルを張り替え、屋根の修理、外の塀の塗り替えを無事に果たし、会堂の内部もきれいにデコレーションをして、多くの人たちと感謝と喜びにあふれた祝祭をすることができました。音楽教室でギターとドラムを習っている生徒たちの演奏もありました。

また、私はヴァイオリンで奉仕したのですが、後奏を弾く前に、日本の地震と津波、放射能汚染でいまだに多くの人々が避難所生活を強いられ、孤児になった子どもたちも多くいることを話しました。その後、後奏として「浜辺の歌」を聞きながら、日本で苦しんでいる人たちを覚えて静かに祈る時を持ちました。ささやかでも、地球の両側がつながるひとときが流れて、慰められたことでした。

第二期への更新について

一〇月二〇日にブラジル・メソジスト教会ノルデスチ教区の監督マリーザ・ジ・フレイタス・フェレイラと個人面談して、次期への更新が承認されました。あとは、ブラジル・メソジスト教会と日本基督教団の間で、公式の書面を取り交わすことが残っています。「小井沼眞樹子宣教師と共に歩む会」事務局の秋吉隆雄牧師にも、次期も続投していただけると了承を得ましたのでとてもこころ強く思っています。

第二期を始める前に、報告と交流、休養、所用のために四カ月間日本に滞在する予定です。次の任期は二〇一二年七月から一五年六月末までを予定しています。


（オリンダ通信第六号・二〇一一年一一月三〇日発行）

第一期の宣教奉仕を終えて

三月四日、三五時間の空の旅を経て真夏のレシーフェから気温四度の成田に着きました。あまりの寒さにちぢみあがり、一二時間の時差の調整にも日にちがかかりましたが、ようやく慣れてきて、今、五年ぶりの桜の美しさを満喫しています。

三年という期間は、異国で過ごす者にとってひとつの節目のようです。自由にしゃべれる嬉しさ、何を食べてもおいしく、温かいお風呂につかって日本にいる幸せを噛みしめています。けれども、東日本大地震で被災された方々の悲しみ苦しみ、現在日本の抱えている原発問題の深刻さがどっと押し寄せてきて、小さな私の頭の中はパニック状態。浦島花子のような私ですが、こころから祈りをささげ、私でも何かできることはないか探しています。

今回の通信では、アルト教会のイヴァン牧師と、信徒リーダーのジャニに私の三年間の宣教活動を評価していただきました。

《小井沼眞樹子牧師の宣教評価》　イヴァン・カルロス・コスタ・マルチンス牧師

アルト・ダ・ボンダージ教会はオリンダ市の一地区に存在し、イエス・キリストの福音を信じて歩んでいます。そして信仰の実践を通してこの地域に証ししていく「神の愛のしるし」でありたいと願っ

イヴァン牧師と（2010年5月28日）

ています。社会的、経済的な次元で直面している問題はとても大きいものです。特に、安定した仕事を得るために必要な技能の不足、基本的医療、衛生設備の不備、家庭内暴力、麻薬・アルコール依存症の問題は深刻です。

さらに憂慮すべき事実として、宗教的市場主義の問題を挙げなければなりません。この地域には相当な数の「イエスを売り物にする」教会が建てられており、現実問題から目をそらし、奇跡待望の熱狂的信仰を説いて、献金を促しています。

そのような周辺環境の中で、私たちは奉仕グループの担当者たちが話し合いを重ねながらとても成長し、たくさんの活動をしています。信徒養成会、賛美グループ、青少年や女性を支援する社会活動、ダンス・グループなど。教会学校や祈祷会のように誰でも参加できる集会と、奉仕グループ・リーダー会や、説教者養成会のように参加者が限定されている集会もあります。

また、隣接する保育園「ジェンチ・ノーヴァ」は教区のコミュニティ・センターの管轄にありますが、これに対する支援として、子どもたちや保育者たちと毎週一回小礼拝を行っています。

一、教会活動への参加と地域との触れ合い

初めの数カ月間、眞樹子師はポ語の理解力、表現力の限界を抱えながらもこの信仰共同体とその特徴、教会が行っている諸活動をよりよく知り、異文化の中に入っていこうと努力しました。また宣教師としてノルデスチ・メソジスト教会との関係形成にも努めました。

また当初は、地域の女性たちにミシンを使って布バッグを作る活動を提供しましたが、残念ながらしばらくしてこのグループは解散してしまいました。

初期に創設したこととしてもうひとつ「連帯基金」を挙げることができます。これは失業中の教会員が職につながるために、教会が低利子で小額の融資をするもので、眞樹子師が目下責任者となり、現在までに四名がこれを利用、成功して返却中の人は二名です。

さらにその当時、特に指導を必要としていた賛美グループに参加しました。幸いなことにその尽力によって、今日、賛美グループはとても成長し、良い奉仕をしています。

三年目には地域の中を訪問できるようになり、数人の人々に必要な援助をしてきました。その中には、極貧家庭の子どもの教育支援や、家で孤立していた歩行困難な女性との交流が挙げられます。

これらの教会活動、地域奉仕と並行して、眞樹子師はブラジルと日本のキリスト者間のエキュメニカルな交流活動を推進しました。

二、音楽プロジェクトについて

当初、アルト教会にはギターを弾ける人が一人しかいなかったので、眞樹子師の参加によって私たち宣教執行部にひとつの夢が生まれました。それは賛美グループの奉仕者を育成するために、音楽教室（ギター、エレクトーン、ドラム）を開設し、それらを地域にも開かれた場として若者たちが麻薬や暴力沙汰に巻き込まれるのを防ぎ、将来の希望につながる健康的な時間の過ごし方を提供しようというものです。同時に、そこに参加する体験を通して、青少年や少女のこころにキリスト教の価値観や特質が形成されることを願っていました。

眞樹子師の仲介で日本から届けられる献金によって、これらの音楽活動は二年目にはすでに開始され、この活動を通して若者たちがイエス・キリストについて知る機会となり、賛美グループに参加し始めています。その中から受洗者も与えられました。教室では、勉学することの重要性や自分の生き方に責任を持つことの大切さを教え、中高生や青年たちが人生について考え、積極的な姿勢を持てるよう助けています。

三、牧会的観点から

眞樹子師の存在は、次のような理由で教会にとって重要なものとなっています。

①生き方に密着した信仰――宣教生活の終盤にあってチャレンジしている。
②イエス・キリストの真の福音を伝える説教――生き方の方向転換（悔い改め）と人間愛を説く。
③貧しい人々、周縁化された人々との関わりが、常に希望をもたらしていること。

最後に、小井沼眞樹子師をこの教会に送ってくださった神に感謝します。彼女の存在は神の恵みのしるしです。十字架につけられたイエスへの愛によって、人々に深い思いやりをもって尽くす眞樹子師の姿から、私たちは多くのことを学んできました。私たちの友情は個人的にも成長と分かち合いの機会になっています。次の任期三年も眞樹子師と共にいられることは、きっと私たちにとって大きな喜びとなるでしょう。

《三年を振り返って》 ジャニ・メネゼス・ブラックバーン

私がパストーラ・マキコ（マキコ牧師）と初めて出会ったのは、一九九六年にリオデジャネイロで開かれたメソジスト教会女性大会に参加したときのことでした。

そして九七年に、私たちアルト教会に松本敏之牧師をお迎えしたのですが、彼がまたマキコの友人だったのです。その後数年間、彼女は日本からの訪問客といっしょに何回か、ノルデスチ・メソジスト教会に属するアルト教会を訪ねて来られました。

トーマス（亡夫國光の愛称）と死別するなど、身辺状況に意味深い変化があってしばらく日本で生活したあと、マキコはアルト教会への宣教奉仕を私たちと共に担う可能性を模索し、それを実践に移したのです。

マキコ牧師の宣教奉仕について

①マキコがサンパウロに住んでいたときは、そこでの生活条件として、ポ語で話したりブラジル文化にどっぷり浸かる必要がありませんでした。というのもそこには日系社会が存在していたからです。ノルデスチには独特の文化があり、移民社会の影響をあまり受けなかったので、マキコがオリンダで生活し始めてしばらくは、新しい環境に慣れ、ポ語での会話のやりとりを学び、何よりも人々が何を話しているのかを聞きとれるようになるまでに時間がかかりました。より広く、政治的、社会的、文化的な事がらや地域について、またそこに存在している教会について知ることができるようになるには三年間では時間が足りませんでした。またブラジルのプロテスタント教会にも、知っておいていただきたい特質があります。

②教会や地域の人々との関係は、友好的な雰囲気の中で深まっていきました。アルト教会の人々は、幼い子どもたちから高齢者まで年齢を問わず、愛情と喜びをもってマキコを受け入れています。マキコは特に、最も貧しく困窮している人々の日常体験に関心を示しています。

③三年目に入ってから、マキコはノルデスチの文化をさらによく知り、それと折り合いをつけながら生きることができるようになっています。また民衆の言葉や表現をよりよく理解できるようになり、ポ語でのコミュニケーションも上達してきました。これは長く時間のかかる過程であり、次の任期においても続けられていくべきものでありますが、マキコはすでにこの分野において進歩してきています。

④宣教にはブラジル北東部と日本の教会間の交流を推進することが含まれています。特に、神と共に生きること、信仰と希望を分かち合うことは、ブラジルと日本のどちらの現実の中でも、私たちが生きていくことを支えるでしょう。この働きにおいて、マキコはいつも積極的に実践に努めてきました。私たちは日本の人々のために祈り、異なる現実の中に置かれている人々の信仰について聞く機会を持ってきました。このことによって私たちは、信仰を同じくするひとつの大家族であるという気持ちを強めています。

⑤宣教は人生に意味を与え、真実な生き方を求めることを促します。その間、大きな喜びの時もあれば、うまくいかずにがっかりしたり悲しんだりすることもありましたが、マキコはそのような時も信仰に支えられながら歩み続け、この共同体に貴重な証しを示してくださいました。

最後に、マキコ牧師が私たちと共にいてくださることは特別の恵みであり、彼女の存在とその信仰の証しを神さまに感謝しています。

（日本語訳責任＝小井沼）

（オリンダ通信第七号・二〇一二年四月二五日発行）

畑に隠された宝を見つけつつ

レシーフェはマンゴーの実りの季節を迎えています。熟したマンゴーがボトボト路上に落ちていて、散歩の道すがらそれを拾い、天から降ってきた恵みを味わっています。その甘くておいしいこと！日常の小さな幸せです。

皆さまとのネットワークによって支えられ守られて、ブラジル宣教が続けられています。

昼と夜の間を行きつ戻りつ

三月から六月までの一時帰国中、一三教会のほか二カ所で説教と宣教報告をしました。アルト教会の人々の生活状況と信仰を紹介し、地球の両側で連帯の輪が広がったことを実感。勇気と希望を新たにして七月一日から、第二期の宣教奉仕に着任しました。

懸案だったコミュニティ・センター建設が、六月に始まり、荒野が整地され基礎工事に取り掛かっていました。帰任後二日目からアルト教会恒例の冬季聖書学校が始まり、昼夜逆転の睡魔に襲われながら五日間休まず参加。加えてアメリカのメソジスト教会からボランティア・グループ一一名が到着。彼らが建設現場で働く合間に、地域の家庭を訪問して交流に努め、ハードな歩み出しでした。

やっと時差に体がなじんで調子が出始めた頃、父の訃報が届き日本へ逆戻り。酷暑の日本で一カ月間義母と過ごし、日本時間に体が慣れてきた頃再び出国、レシーフェに帰着しました。度重なる時差の調整でいささか辛い思いをしました。

行ったり来たりの日々でしたが、戻るたびに皆の強い抱擁に迎えられ……待っていてくださる共同体があることは本当に幸せなことです。天国の応援団にもう一人が加わり、毎朝、天国と地上の両方から届く祈りに励まされて一日が始まります。

味付けに変化をつける？

第二期には「ひと味もふた味も違う報告を期待しています」とは「共に歩む会」事務局長の弁。助走期間の第一期が終わって「これからが本番！」と意気込みはよろしいものの、いざ始めてみるとやはりまだまだ言葉の不自由が続き、大事なニュースもよく聞き取れず、周囲で起こっている出来事がぼんやりとしか把握できません。日常の行動範囲も限られています。

その上、これまで親切に助けてくれていた友人神父たちはそれぞれ要職に転任し、超多忙人になって、私の話し相手になっている暇がないように見えます。またジョアン・ペソアのジュニオラードがレシーフェに引っ越したので、疲れたときの隠れ家がなくなったような寂しさです。新しいジュニオラードはジョアン・ペソアよりずっと近いのですが、まだ関われずにいます。なんといっても二〇年の長い友情の積み重ねがあるジョアン・ペソアが私にとって格別の場所でした。これからも年に一度は訪問して共同体の人々とつながって生きていきたいと願っていますが、ひとつの時代が終わった感を拭えません。

そういう事情で、今まで私を取り囲んで守っていてくれた友人や場所からどんどん引き離され、いや応なしに宣教生活が新しい段階に入っていることを意識させられています。もう誰かに「おんぶにだっこ」を期待してはいけない、「そろそろ大人に成長しなさい」という促しをこころに感じとっていますが、実際は六五歳となり高齢者の仲間入りです。

ノルデスチで、より自律的に生活できるようになるためには、やはり語学力向上が必須ではないか。そう考えて、励んで辞書を引きつつ印刷物を読み、ニュースや人の話に耳を傾けています。

いのちの糧はどこから

第二期には何をするのかと問うても、別段これまでと違う計画は持っておらず、引き続きアルト教会に寄り添って牧会中心に生活しています。また、保育園ジェンチ・ノーヴァの新しい施設建設に協力を続けていきます。

集会や訪問の中で、皆の語ることを注意深く聞いていますが、ポーボ（民衆）はそれぞれの苦難の生活体験からみ言葉の真理をくみ上げて、日ごとのいのちの力として生きているように見受けられます。

聖書の言葉がシンプルに、いのちの光として人々を励まし、喜びを与え、力を発揮していくさまには、いつも感動します。ここでは難しい解釈論や神学問答はあまり出番がありません。

祖国と家族から遠く離れて異文化の中で暮らす者にとって、この親しい「神の家族」の存在は、本当に生きる力の源になっています。元気いっぱい神さまを賛美し、感謝の証しをし、涙の祈りをささげる人々のいのちのダイナミズムに触れるとき、私たちの内に復活のイエスが臨在されると実感し、こころが熱くなるからです。

畑の中に隠された宝を見つけた商人は、自分の持ち物を全部売り払ってその畑を買う、というマタイ福音書のたとえ（一三・四四）を思い出します。

私自身は小さく、まことに頼りない者で、この地に立ちはだかる罪と悪の現実の前で、無力な存在にすぎません。多くの方々とのネットワークに支えられて宣教生活が成り立っていることを感謝し、こころ強く思っています。

ある方のメールで「困難の伴うブラジルでの働きも、眞樹子さんにとっては必然性のあるものなのでしょう」という言葉に触れ、思いを新たにしました。私がここに居ることを神さまがお望みなのです。確かに、私がこの地に身を置くことで、神のみこころが少しずつ実現している手ごたえを感じ取っています。

ここまで書いて、所用に追われているうちに新たなニュースが飛び込んできました。主任のイヴァン牧師の転任が決まったというのです。新任地はまだ不明。一一年の長きにわたってアルト教会を牧会、指導してきたイヴァン牧師が去ることは、共同体にとっても新たな節目となるに間違いありません。このような教会の状況変化の中で、私自身の宣教参加にも変化が生じることは確かです。期待されることを正しく受け止め、応えていくこころ備えをしています。

（オリンダ通信第八号・二〇一二年一二月五日発行）

ラテンアメリカからの新風

ローマのバチカンで、教皇選出会議（コンクラーベ）が始まると、ブラジルでは生中継でその模様を伝えていました。二日目（三月一三日午後）、私はテレビの前でくぎ付けになりました。システィーナ礼拝堂の煙突から白い煙があがり、新教皇が決定したことを伝えています。誰だろう？　予想外に早い選出結果に、興味津々で放映を待ちました。

間もなく、アルゼンチン出身、七六歳のイエズス会士、ホルヘ・マリオ・ベルゴリオ枢機卿が新教皇として姿を現しました。カトリック教会史上初のラテンアメリカ出身、しかも初めてイエズス会からパパ（Papa＝教皇）が誕生したのです。私はひとり、部屋で小躍りしました。

ベルゴリオは自分の教皇名を「フランシスコ」としました。それは徹底した清貧に生き、貧しい人々をこよなく愛し、自然を愛した中世の聖者、アシジのフランシスコの霊性を模範として強く意識している姿勢の表明だと言われています。

ベルゴリオの人柄と生活について知る人は、その質素で謙遜なあり方に誰もが好感を抱いているそうです。

二〇〇一年にブエノスアイレス枢機卿に任命されても、ぜいたくな司教館に住むことを拒み、民間のアパートで暮らして自炊していました。また運転手つきの御用車には乗らず、民衆と同じバスや電車で出かけていたということです。[*1]

住居に隣接するスラム街に十数年間、電車と地下鉄を一時間乗り継ぎ、汚物の臭いが漂う道路を歩いて通い、ホームレスや外国移民の生活向上に尽力してきました。「必要なのは愛と平和だけ」というのが信条で、集会では「枢機卿（カルデナル）」と呼ばれるのを嫌い、「神父（パドレ）」と呼んでほしいと言っているそうです。[*2]

コンクラーベによる選出から七日目の三月一九日の教皇就任式では「人間関係と環境の守護者となってください。現代世界の歩みに死と破壊のしるしが伴うことのないようにしてください」「貧しい人、弱者、小さい人……を受け入れなければなりません」と、教会の役割として社会的弱者の救済と環境保護を強調しました。[*3]

質素を好むフランシスコ教皇は、教皇の象徴である指輪を金から銀の金メッキに変えました。十字架はそれまで使用してきた鉄の十字架を使用し、伝統的に履かれていた赤い靴もやめて従来の黒い靴を履き続けることにしたとのこと。[*4]フランシスコ教皇の住居は、コンクラーベで枢機卿が宿泊に使用する「カサ・サンタマルタ」というホテルの一室。各国の聖職者などがローマに滞在するときに使用されるほか、観光客用のホテルとしても利用されています。*5

このような新教皇の登場によって、今後どのようにバチカンが刷新され、キリスト教界に変化が生ずるか、また教皇が世界の平和に対してどう関与し貢献していくのか、世界中の人々が期待し、注目しています。

今回、心身の疲労度が限界水位に達したように思われ、二カ月間の休養帰国をしました。何の仕事もせず、ゆっくり、のんびり過ごして、元気を取り戻すことができ、六月中旬にレシーフェ・オリンダの任地へ戻りました。一粒の水滴のごとき宣教のわざですが、大河の流れの変化を意識しながら、自分に託された奉仕を続けていきたく思います。

（オリンダ通信第九号・二〇一三年六月一〇日発行）

＊1　ブラジルの週刊誌『エポカ（ÉPOCA）』（Editora Globo）特集号、二〇一三年三月一八日の記事参照。

＊2　「清貧法王スラムが原点」『毎日新聞』二〇一三年三月二七日付一面参照。

＊3　「教皇フランシスコの就任ミサ説教」二〇一三年三月一九日、カトリック中央協議会のサイト（https://www.cbcj.catholic.jp/2013/03/19/6617/）より引用。

＊4　「法王　質素アピール」『読売新聞』二〇一三年三月二〇日付七面参照。

＊5　「教皇の新居、カサ・サンタマルタとは?」『ナショナルジオグラフィック』二〇一三年三月二九日のサイト記事（https://natgeo.nikkeibp.co.jp/nng/article/news/14/7766/）参照。

ブラジル・メソジスト教会のこと

アルト教会に遣わされて、早くも五年たちました。今年の下半期は、心身の健康を回復し、積極的に活動できたと思います。

ブラジル社会では、目下、新たな動きが起こっています。バス代の不当な値上げに反対するサンパウロの学生デモに端を発し、政治の腐敗、社会の不公正を告発し、基本的医療、衛生、教育、交通手段を求めて、七月頃から大規模なデモ行動がブラジル全土に広がっています。社会を変えようとする市民意識の高まりと行動化がようやく始まった感があり、周囲の人たちの意見もおおむね肯定的でした。しかし、合法的な反対運動が盛り上がる中で、公共施設を破壊したりバスに火をつけたりする過激グループが現れ、それに対する警察の取り締まりもエスカレートして、その騒乱をメディアが映し出すので、あたかも反政府運動が犯罪的なものであるかのような印象を与えています。市民意識や教育レベルに大きな差があるブラジルの社会問題の難しさを垣間見る思いです。組織化されたデモ活動はまだ続いています。来年は、大統領、州知事選挙があるので、政治家もこれらの要求するところを無視するわけにはいかないでしょう。しかし実際、どこまで具体的な政治改善につながるかは不明です。

折しも七月末、新教皇フランシスコが初めてローマから出て、故郷アルゼンチンの隣国、ブラジルを訪れました。リオデジャネイロで一週間開催されるカトリック教会の「世界青年の日」に出席することが目的でした。

ブラジルの北東部、ペルナンブコ州のレシーフェにあって、私は終始この出来事をテレビの画面を通して見ていました。

教皇は、若者たちが連日起こしている非常に多くのデモ行進で混乱しているブラジルと出会い、理想国家を求めて叫んでいる彼らの声を聞くべきであると擁護しました。そして、困難な現実を恐れず勇気をもって抵抗運動を続けるよう若者たちを励ましました。

けれども、これらのことは、アルト教会の牧師とは個人的に話題にしますが、教会の普段の活動では少しも話題に上りません。信徒たちは何も関心がないように見えるのです。

一体、ブラジル・メソジスト教会はこれらの社会気運にどう関わっているのか。それを知りたくて、教会が発行している機関誌（Expositor Cristão）に目を通してみました。誌面には、主要都市では何千人もの教会青年たちがデモ行進に参加し、メソジスト教会の固有性を再発見し、生きる姿勢を問われていると記載されていました。

ここにも地域格差の縮図を見る思いがします。アルト教会には、まだ一人も大学生がいません。この地区は貧困と生活苦の中にあって若者たちは市民活動に参加する気概は持てず、無気力に陥って、薬物依存や暴力沙汰、不純性交が多発しているのです。アルト教会では青年たちを尊厳ある人間として目覚めさせる（＝意識化する conscientizacão）ために、冬季聖書学校や空手教室、ギター教室などの教育活動に力を入れています。

ブラジル・メソジスト教会について

ブラジル・メソジスト教会は米国の合同メソジスト教会を宣教母体として一九世紀末から宣教が開始され、一九三〇年に独立。教会憲章と教会規約を有しています。教規は四年ごとの教会総会議で見直され、昨年、規約改定版（二〇一二〜一六年）が発効しました。

第一教区リオデジャネイロは面積は最も小さいのですが、信徒数は最も多く、総会議でも発言権を振るっているそうです。〇八年には、カトリック教会が参加する宣教会議やエキュメニカルな組織からすべて離脱する決議がなされ、現在に至っています。

しかし、最近、創立者ジョン・ウェスレーの信仰遺産に立ち返り、見直しを求める意見が挙がってきたということです。

従来、メソジスト教会の宣教には三つの大切な柱があり、福音宣教、教育（信徒訓練、教会学校）、社会奉仕を掲げています。

人を改宗させるだけでは社会は変わりません。一人ひとりをキリストの弟子として成熟させるために信徒訓練を重視します。そして、社会的弱者への連帯、奉仕を実践しています。そのためには他教会との連帯関係は不可欠で、信徒リーダーのジャニによれば、公的組織としてはエキュメニズムに背を向けたように見えるけれども、宣教の現場ではエキュメニカルに活動を続けているとのこと。

創立者の明確な宣教指針があることに、私は希望を感じています。

（オリンダ通信第一〇号・二〇一三年一二月一〇日発行）

荒れ野に花が咲く日

荒れ地

アルト教会を初めて訪問したのは、一九九六年でした。その年の八月初めに開かれたメソジスト教会女性大会に参加したとき、ある日、昼食のテーブルで向かい合わせたひとりの女性と言葉を交わしました。彼女が貧しい地区の教会の信徒代表であること、その教会を創立したアメリカ人宣教師の夫は四年前に不慮の事故で亡くなったと話してくれました。その女性がジャニだったのです。

「マキコ、一度見に来ませんか?」

その言葉が、アルト教会との交わりの発端でした。

九七~九八年には、日本基督教団の派遣宣教師として松本敏之牧師一家がその教会で奉仕され、友好関係がさらに強まりました。二〇〇二年に、中島保壽牧師ご夫妻と訪問した際、神学校を卒業したばかりの青年イヴァン牧師に出会いました。イヴァン牧師は、教会や信徒の方々の家を訪ねて回った際、隣接する荒れ地を指して、「これは教会の土地で、私たちはここにコミュニティ・センターを建設する夢を持っています」と話してくれました。

それ以後も、日本からの訪問客といっしょに何度もこの教会を訪れましたが、その土地には身の丈以上の雑草がうっそうとおいしげるばかりでした。

種まき

二〇〇九年三月に単身オリンダへ赴任した時、この荒れ野に花を咲かせることが私の使命のひとつではないか、という思いがありました。

しかし、日本語をまったく使わず、日本人が一人もいない教会での奉仕を始めてみると、圧倒的な不自由と孤独、そして現実問題に少しも対処できない無力と向き合わされました。自分の健康保持すら危うくなり、コミュニティ・センター建設問題にはほとんど手が付けられないまま、最初の二年が過ぎ去りました。

以前はアルト教会の所有地だったその土地は、メソジスト教会ノルデスチ教区のものとして召し上げられ、アルト教会とは無関係の若いG牧師がその管理責任を負わされて、すでに五年たっていました。その間、何ひとつ具体的な建設計画が起こされなかったので、私の赴任後に聞こえてくるのは、G牧師への不満と不信任の声ばかりでした。

一〇年の年末、教区牧師のクリスマス親睦会に参加した折、G牧師と親しく言葉を交わす機会がありました。私がオリンダにいる間にできる限りあなたを助けるから、いっしょにコミュニティ・センター建設に取り組みましょう、とまず彼女の背中をひと押し。

翌年前半は私が体調を崩して休養を余儀なくされ、後期になってやっとG牧師と個人的な会合を始めました。

「アルト地区の多くの人たちが、文句を言っているのを知っています。けれど、どうやってそんな大事業を進めていくのかやり方がわからないし、資金ぐりのあてもありません」

彼女はそのように苦しい胸の内を話してくれました。若干三五歳。夫はいまだ勉学中で無職。実母から放置された幼児を二人養子にして子育てしている母親でもあり、ある教会の主任牧師、メソジスト神学校の事務局も務める超多忙人です。

私は、まず建築委員会を結成しようと提言しました。G牧師と私、イヴァン牧師、クレシェ（保育園）の園長Rさん、それにもう一人の牧師が名前を連ねて、五名の建築委員がそろい、月に一度会合を持つようになりました。

しかし、その建築委員会は実際あまり機能しなかったのです。というのも、G牧師はほとんど一人で諸々の実務を処理してしまい、委員会の合議にかけて決め、決まったことを実行していくというやり方を知らないかのようでした。また委員会のメンバーも建築物の設計図を見ても、検討の仕方が分からない、アイデアがない、実際多忙で実務の分担ができない等々、限界が大きくありました。

G牧師に限ったことではなく、ブラジルではまだ民主主義の実践体験が浅く、そのノウハウが身についていないのではないかと思わされることがよくあります。まるで独裁政治のように、権力者（中心人物）が一人で物事を決め、推し進めていくのです。そこには、有能なスタッフの不足が一因としてあるようで、一概に批判できませんが。

さて、G牧師がアメリカのメソジスト教会に援助を申請したところ、十数名のボランティア・グループが、数カ月後に建設作業のワークキャンプとして送られてくることになりました。そこで、そのグループが来る前に、土地の整地と基礎工事を済ませておくことが必要でした。そのための見積もり取り、資金も備わっていたのですが、G牧師が委員会で決めたとおりに行動しなかったのです。せっかく送られてきたアメリカ人ボランティアは、現在使っている園舎のペンキ塗りをして帰国しました。イヴァン牧師は怒って、彼女は不適任だとビスパ（監督の女性形）のマリーザに直訴し、建築委員会は空中分解してしまいました。

そんなことがあって、結局、この大きな建設事業はその後ほとんどG牧師と教区の会計士を中心として進められました。実際、私もオブザーバーとしていっしょにいましたが、詳細な現地事情や法的手続きなどの内容が私にはよく理解できず、物事が一向に進展しない理由がわからず、「忍」の一字で見守ってきました。メソジスト教会総会でこの建設案が認可され、私の第一任期終了前（二〇一二年二月）にようやく募金パンフレットができ、宣伝用ＤＶＤも作成され、国内、国外に向けて募金活動が始まりました。

そこで私は、二年間保留しておいた建設支援献金を提供して一時帰国したのです。六月初旬、私がまだ日本に滞在中に、工事を開始したとのメールをG牧師から受け取り、戻ってみると荒れ地が整地され基礎工事に取り掛かっていました。非常に大きな一歩でした。

協働者

建設工事の工程は四段階に分かれていました。アメリカの建築ボランティア・グループはその後も第三工程まで異なる州から三回にわたって送られてきて、作業現場で働きました。ブラジル国内はもとよりドイツやオーストラリアからの献金も届き、このブラジル北東部の片隅に子どもの園を実現するために、国際的な連帯の輪が広がっていきました。

私は、言葉の限界で建設工事の具体的な進展過程にはほとんどタッチできないままでしたが、G牧師に寄り添い、励まし、日本からの支援金を着実に届ける役を果たしました。それは、日本の多くの支援者の方々の祈りと具体的なささげ物の大きな効用です。

「この姉妹関係は神さまのみこころが実現するために大切な任務を果たしていると思う。まるでマリアとエリサベト（ルカ福音書一章）のようね」

私がそう言うと、彼女は驚いたように言い返しました。

「マキコ牧師がマリアでしょ」

「とんでもない、あなたがマリア、私はエリサベトよ」

そうですとも、G牧師と私は三〇歳も年齢の差があるのですから。アルト・ダ・ボンダージのマリアとエリサベトは、神のみこころの実現のために、それぞれの分を精いっぱい果たしたのでした。

毒麦

ブラジル人の精神文化には、友愛、親切心、創造性や抵抗力など、良い特徴がいくつも挙げられますが、その反面、「嘘《うそ》と盗み」が根深くあると言っても間違いではないようです。それは長い植民地支配の負の遺産と言えましょう。今回のサッカーのワールド・カップ大会でもブラジルＦＩＦＡの多額の資金横領が発覚し、多くの反対デモ行動が続きました。政治権力者や企業経営者ばかりではなく、庶民の日常生活にまで「嘘と盗み」は根強くはびこっています。

コミュニティ・センター建設工事も、第三段階までは、比較的順調に運びました。しかし、建物の外枠が出来上がり、いよいよ最後の内装工事に入る前に、工事責任者が労働者の賃金を未払いのまま、多額の資金を持ち逃げするという事件が起こったのです。怒った労働者たちは労働裁判所に訴え、総額一万三〇〇〇レアイス（ブラジルの通貨Real＝レアルの複数形）の支払いを教区相手に要求してきました。施行者を選んだＧ牧師はまっ青！　しかし、労働者たちにも人数に嘘の供述があり、結局裁判は成立しなかったのです。

そんなことがあって二〇一三年六月以来、工事は暗礁に乗り上げ、一時ストップ。新たな資金ぐりと新しい建設業者の選定をしなければならなくなりました。

幻の落成式

建設工事の最終段階は難航を極めました。九月から新しい施行者と資金調達を得て工事が再開したものの、途中で何度も資金が不足しました。労働者の質はよくなく、見張りがいないとあまり働いていないという苦情が聞こえてきました。さらに一一月頃から経済のインフレが起こり、材料費、労働賃金ともに値上がり、資金不足に拍車がかかりました。この間、「共に歩む会」や篤志家の友人と連携してつぎ込んだ資金援助は相当な額になります。しかし、会計処理は日本人の基準から見るとかなりずさんで、催促しないと領収書が発行されなかったり、センター建設専用の銀行口座が、銀行側の不備でよく機能しなくなったとして、教区の一般会計の口座に振り込むようになりました。一般会計に入った建設資金が、ほかの必要に流用されるのでは、と疑心暗鬼にもなります。

G牧師が一人で駆けずり回って材料、備品の購入をしていましたが、幼子を抱えながら一人で効率よく働けないのは、察するに余りあるものがありました。

一二月末までに仕上がるはずが、結局出来上がりませんでした。

さらに理解に苦しむことには、教区の牧師の人事異動が一二月に発表され、なんとコミュニティ・センター責任者であるG牧師が、完成間際のこの期に及んで、他州の他都市の教会に転任になったのです。人事権を持っているのはビスパのマリーザです。しかも、代わりの責任者が選定されず、年末からセンター建設工事は具体的な責任者が不在のまま仕上げなければならなくなりました。会計士のMさんがとりあえずG牧師から仕事を引き継いだ形となりましたが、彼は信徒で別に職業を持っていて、G牧師のようには日中動けません。

日本で支援者の人々に報告するために、私の三月末の一時帰国前に完了し、落成式をするようにと設定していたのですが、結局それも果たせませんでした。

五月初め、まだ日本に滞在中にやっとジャニからのメールで、ついに工事が終了したと連絡がありました。マキコがレシーフェに戻ってきてから、関係諸氏を招待して落成式を盛大に行おうとビスパが言っているとのことでした。私がレシーフェに帰り着いたのは六月二日。今に至るまでまだ出来上がった建造物を見ていないのですが、教室や食堂のテーブルや椅子の購入、棚の設置、音響設備、園庭の整備など実際に保育活動ができるようになる前の仕事がまだ山のように残っています。

また、市当局との関係では住所変更の手続き、給食の配給依頼、園庭の遊具の移動などが未解決のままです。これらの市当局がらみの諸手続きは、いつもかなり時間がかかるとのこと。折しも、ワールド・カップと「フェスタ・ジュニーナ」（ブラジル特有の「六月の祭り」）が重なり、ブラジル中騒然としていて六月に落成式を行える見通しがほとんどありません。

ビスパの裁断によって落成式の目標は一〇月中旬ということに。彼女が落成式実施のために実行委員会をつくり推進する、と言っています。果たして、その通り事が運ぶでしょうか。

これが、ブラジルの現実です。それでも、この地に花が咲く日は、そう遠くないはずです。この施設が完成すればこの地区の多くの子どもたちが、安全な環境で、楽しく子どもにふさわしい時間を過ごすことができることを思うと、労苦に倍加する喜びがこみあげてきます。

（オリンダ通信第一一号・二〇一四年七月一〇日発行）

感謝と喜びを共に

ついに落成式‼

懸案のコミュニティ・センター落成式が、去る一一月二九日に行われ、多くの参列者と、感謝と喜びを分かち合いました。日本の皆さん宛てに招待状がメールで届いたのは落成式の二週間ほど前でした。遠いブラジルまで来ていただくには、あまりにも切羽詰まっていたので転送しませんでしたが、ノルデスチ教区から日本の皆さんへの感謝をお伝えしたいと思います。

今年の評価と今後の予定

アルト教会は、五月から主任牧師が家族の介護と、自身の健康問題で教会の責任から退き、無牧状態となりました。教区の責任的立場にあるS牧師が、月に一度説教と聖餐式を行い、教会の諸問題の相談相手となっていますが、実際はジャニを中心に信徒だけで教会の活動を続けてきました。音楽教室（ギター、ドラム）、空手教室などの社会奉仕も、参加者が増えてきてにぎわっています。

去る一二月六日に今年最後のリーダー会が開かれ、各部門のリーダーたちがそれぞれ今年一年を振り返って評価しました。賛美グループ、祈祷会、教会学校、信徒養成会、家庭礼拝、女性会などにつ

コミュニティ・センターの落成式で踊る子どもたち（2014年11月29日）

いて、皆の感想や意見を聞くにつけ、一人ひとりの主体性がとても成長していることを感じさせられました。

主任牧師がいなくて困ったことは、個別訪問が減って個人的なケアが不足したことくらいで、あとは信徒たちでそれぞれ持ち味をぞんぶんに発揮して教会活動を続けてくることができたと、一同が感謝し一体感を味わっています。

私自身も、この「神の家族」の中で支えられ、慰めを受けてきました。月に一度の拙いポ語の説教も、信徒は忍耐をもってよく聴き、祝祷を喜んで受けています。

二〇一五年はどういう展開になるか、話し合いました。私の任期が上半期で満了することは、あまり口に出さずにいますが、気づいている人もいるでしょう。

上半期の大きな課題は、クレシェが新園舎に引っ越したあとの施設を改築して、社会活動の教室として用いるプロジェクトです。再度、多額の資金が必要なことですから、これを私の任期中にぜひとも成し遂げたいと思っています。

（オリンダ通信第一二号・二〇一四年一二月二五日発行）

ぶどうの木につながる枝として

二〇〇九年二月に赴任したオリンダのアルト・ダ・ボンダージ・メソジスト教会での宣教奉仕は、この六月末をもって無事終了しました。この間、実に多くの方々から、篤いお祈りと様々なご支援を頂きましたことを、こころから感謝申し上げます。

六月は、ブラジルでは「フェスタ・ジュニーナ」と呼ばれる諸聖人のお祭りでにぎわいます。聖アンドレ、聖ジョアン（洗礼者ヨハネ）、聖ペトロの祝日を覚えて一カ月間、路上に色とりどりの小旗がひらめき、独特の衣装とダンス、トウモロコシで作った種々の食べ物でお祭りムードが盛り上がります。

日本基督教団の世界宣教委員会から幹事の加藤誠先生（故人）をお迎えしたのはちょうどこのブラジル特有の「六月の祭り」のまっ盛りでした。出来上がったばかりのクレシェと改修工事中のアルト教会を見て六年間の総決算を確認していただき、まことにタイムリーな訪問でした。また、教会の周辺に住む信徒の家を数件訪問し、この地区の生活状況を実際お見せできたことも良かったです。

六年間、言葉の不自由な宣教師が単身この地に留まり寄り添っていたのも、地球の両側を結んで具体的な「共に生きる関係性」を作っていきたいという熱い願いが内にあったからです。それは亡夫から私に託された宣教使命でもありました。

振り返ってみて、新しいコミュニティ・センターの建設にG牧師といっしょに取り組み、ついに落成式にこぎつけることができたのは大きな喜びでした。その間、日本の支援者から寄せられたお祈りと献金が実に大きな推進力になったことを思うと、改めてグローバルな協力が現代の宣教には欠かせないと実感しています。クレシェはすでに保育を開始していますが、設備充実はまだ途上にあり、完成を見ないまま私は退任せざるを得ませんでした。けれども加藤牧師が来られ、教団の教育委員会から贈られた「全国教会学校クリスマス献金」が、どのように使われているかを見ていただけたことは幸いでした。

「フェスタ・ジュニーナ」はまた収穫感謝のお祭りでもあります。クレシェでは、加藤牧師の歓迎とパストーラ・マキコへの感謝をかねて、素敵なフェスタを用意していてくださり、ハートにあふれた飾りつけと子どもたちの歌とダンス、こころのこもった言葉を贈られて、胸がいっぱいになりました。

この宣教の収穫は決して私自身の働きによるものではありません。私はぶどうの木の小さなひと枝。枝はぶどうの木につながっていれば、おのずと実りをもたらすのです。そしてこの枝は弱く細いので、たくさんの支柱が必要でした。終わりに当たってそのイメージが鮮明に私のこころに浮かびました。

また、次の教会員へのインタビューの声をお読みください。これは友人ジャニの協力によってなされたものです。私の滞在していた六年間で、こんなにたくさんの信仰の糧をしっかり受け取ってくださいました。これは私の想像をはるかに超える宣教の実です。聖霊のダイナミックな働きを教えられたのは、小さな宣教師の方でした。

アルト・ダ・ボンダージ教会員の声

質問1

マキコ牧師とここで共に過ごした日々を振り返って、一番思い出すことは何ですか？

・女性が主体性を持てるように働きかけた。
・家計の苦しい人々のための経済支援。
・週に一度の女性会をはじめ、体操とコーラスと折り紙を指導した。
・病気で教会に来られない姉妹たちを女性会のメンバーで訪問し、歌った。
・苦しい状態にあった時、マキコは心配し支えてくれた。
・困っている人や病気の人を助けるために喜んで献身的に働いた。
・すべてのことに積極的に関わり、親しく交わり、それが私にとって喜びだった。
・彼女の支えを必要としている人々の傍に、いつもいっしょにいて支えた。
・人と関わるのが難しい人たちの良き友であった。
・冬季聖書学校への協力、礼拝説教。
・微笑み、礼拝の中で踊る姿、誠実さ、友情、信仰、愛と思いやり。

質問2
マキコ牧師によってあなたが学んだことをひとつ挙げてください。

・彼女は信仰と希望、人々への信頼を伝えてくれた。
・どんな状況にあっても神さまは必ず助けてくださると信じること。
・彼女の信仰は私たちを励まし、神にある希望を持てるようになった。
・自分の最も良い物をささげるとき、自分が神のためによく働けるということ。
・忍耐のない人たちを、忍耐強く教えるということ。
・マキコはわたしにとって特別な人、彼女が大好きです。もう今から寂しい気持ち。
・聖書についてもっとよく知る必要があるということ。
・信仰によって私たちは未来をもっとよくすることができるし、教会も成長し、家庭も神の祝福を受けるということ。
・私たちは神の家族、キリストの家族。世界のどこにでも兄弟姉妹がいるということ。
・文化の違いがどんなに大きくても、私たちは兄弟姉妹として信仰や祈り、資源を分かち合い、交流を保っていくことができる。
・神の恵みのもとで、いつも互いに学び合っていくことができる。
・聖書の解き明かしによる神の言葉を通して、私たちも愛することができるようになるということ。

質問3
マキコ牧師の働き方に接して、何があなたの自己評価や主体性や愛を強化したと言うことができますか？

・彼女は愛をもって助けることを使命としている。助けを必要としている人々の困窮に対してとても深い感受性を持っている。
・他者の困窮状態にこころを配るということ。隣人愛とはどういうものかを学んだ。
・ポ語で話すことが難しくてもあきらめず、彼女の挑戦していく姿を見て、私たちも障害を乗り越えることができると思えるようになった。
・愛を伝えてくれたこと。
・彼女の笑顔、人格、生まれつきの素養の中に愛が輝いている。そのような愛のあり方をすべての兄弟姉妹に教えてくれた。
・マキコ、あなたを愛しています。
・人々の困難を解決するために役立ちたいという彼女の意志を見て、もっと勇気を出して困難と向き合い、状況を改善することを望まなければいけないと教えられた。
・異なる文化に属する人々と共に働こうとするマキコの強い意志によって教えられたのは、私たちは神の宣教において兄弟姉妹であるということ。

・彼女は私たちの自己評価を高めた。彼女の明るい振る舞いによって、もっと隣人を愛し、自分自身をも愛さなければということを学んだ。
・私と共同体に対してしてしてくださったすべてを、ありがとう！
・彼女は私たちに問いかけ、考えさせ、考えられるように助けてくれた。そのことによって私たちは成長し、主体性を持てるようになってきた。
・忍耐と希望をもって困難に向き合うマキコの態度を見て、困難は存在してもいつかは解決するものだということを教えられた。
・マキコのもっとも貧しい人々への愛によって、神の前での平等、神の愛のしるしとしての連帯について、私たちがさらによく考えなければいけないと教えられた。

（日本語訳責任＝小井沼）

（オリンダ通信第一三号・二〇一五年七月二五日発行）

第二章　救い主の町、サルバドールより

新しい任地、新たな出会い

ブラジル北東部バイーア州の州都サルバドールから初めてお便りします。サルバドールはブラジルの植民地時代（一五四九〜一七六三年）の首都であり、三〇〇年間続いた奴隷売買の拠点でした。現在も人口約二五〇万人の八〇パーセントが黒人とその混血で占められています。アフロ・ブラジル文化の発祥の地であり、「抵抗の町」という独特の個性を持つ都市です。過酷な奴隷制の痕跡をはねかえすように、サルバドール（＝救い主）という名前の町で人々がエネルギッシュに明るく生きています。

私は今年二月から、ヴァレリオ・シルヴァ合同長老教会（以下、「ヴァレリオ教会」と略す）に着任しました（詳しい経緯は本書二六六頁以下参照）。新しい土地で、新たな出会いが始まっています。まず、新任地はどんなところか、どんな人々といっしょに歩み始めたのか、この三カ月の間に見えてきた現場の課題などについて、ご紹介したいと思います。

サルバドールに着いて最初の一週間は、ダゴベルト・サントス・ペレイラ牧師の家でお世話になり

ました。真冬の日本から真夏への移動、昼夜逆転の時差に適応するために牧師夫妻の親切な受け入れでゆったり心身を整え、ポルトガル語（以下、「ポ語」と略す）の会話にエンジンをかけ……。それから牧師の協力の下でアパート探しを始めますと、すぐに好条件の物件に出合い、そこへ入居することができたのです。

まずは順調なスタートでした。

所在地

サルバドールの居住区はくっきりと二極分化しています。私が住んでいるのは高層ビルが立ち並ぶ高級住宅地。一方、市内を車で走ると至る所に貧困居住区が見えてきます。その規模の大きさには愕《がく》然《ぜん》とさせられます。ヴァレリオ教会もそのような地域の中にあります。五メートルほどの高台の上に建てられていて、急勾配の階段を登るのは私でも容易ではありません。足腰の弱っている高齢教会員にはなおさらのこと。また付近の住人も教会の建物が見えにくく、入り口が高いので気軽に入れないことは確かです。

沿革

ヴァレリオ教会の歴史は古く、一〇五年前に黒人女性たちが洗濯業を始め、そのグループが伝道拠点となり、その後、伝道所に発展。一九六〇年に教会として創立し、当時はブラジル長老教会に所属していました。教会創立当初に大きな足跡を残したのは、一人のアメリカ人宣教師でした。現在の会堂はその当時建てられたものです。日曜礼拝には、教会堂は会衆でいっぱいになったといいます。隣接する託児所は最近改築され、現在、教会外の個人的な保育活動に使用されています。

ブラジルに軍事独裁政権が始まると（六四年）、軍政を黙認している長老教会執行部への批判が起こり、内部は分裂、反対派は迫害され追放されました。彼らは既存の教派に属さず、やがて全国長老教会連合（ＦＥＮＩＰ）の名で新組織を発足させ（七八年）、ヴァレリオ教会もそこに連なりました。その後、ＦＥＮＩＰはその社会的設立理由（本書二一七頁で詳述）を明確にして、ブラジル合同長老教会（ＩＰＵ）と改名した（八三年）のです。

教会活動

《日曜日》　教会学校　午前九時〜一〇時一五分
　　　　　礼拝　　　午前一〇時三〇分〜一一時四五分
《水曜日》　社会奉仕　洋裁教室　午前八時〜午後二時

洋裁教室は一五年前から始まりました。ミシンは一〇台ありますが現在生徒は四、五名。材料を持参して、作り方を指導してもらいます。月謝五〇へアイス。講師への謝礼には外部からの援助がありま す。朝のカフェと昼食をいっしょにします。

現状と今後の課題

とにかく参加人数の少ない小さな教会です。日曜日に来る人は、牧師を入れても二桁の数字になることが珍しい。どうして人数が減ったのか。一番の理由は昨年ダゴベルト牧師が赴任する前、三年間無牧であったことでしょう。またこの地区の教会員が皆高齢になり、高台に建つ教会まで上って来られなくなっていること。長老という責任ある立場の信徒たちは皆車に乗って遠方から通っている人々で、毎週来る人はわずかです。

またこの周辺は治安がよくないので夜の集会はなく、目下、昼の祈祷会も家庭集会もありません。日曜礼拝のあとには、ほとんど交わりの時もなくサーっと帰っていきます。

水曜日の洋裁教室に参加する女性たちは地域の住人ですが、礼拝に参加することはまれです。作業の合間に生活上の問題についてしゃべっていますが、私には内容がよくつかめません。私は開始時間からいっしょにいますが、ダゴベルト牧師も昼近くには顔を出し、その時に教会活動に関する打ち合わせをします。午後はできるだけいっしょに家庭訪問することにしています。

月に一度礼拝説教を担当する以外、私は具体的な奉仕が何もなく、アパートで一人黙想の時を過ごしつつ、家事や料理に精を出し……孤独ですが、静かで深い観想修道会の生活のよう。イエスさまの荒野の体験を思い起こします。とにかく教会活動を元気にしていくために、定期的な三者会談（ダゴベルト牧師と長老のGさんと私）を持ち、祈りたいと願っています。ここ、サルバドールは、すべてがその場で決まって動いていく風土のようで、ついていくのはなかなか大変です。

（SALVADOR創刊号・二〇一六年五月一五日発行）

暗闇の中で待ち望みつつ

一時帰国

サルバドールに赴任してから八カ月を経て、一時帰国（九月二八日～一一月九日）しました。さっそく一〇月二日「世界宣教の日」に横浜港南台教会で説教と宣教報告会をいたしました。報告会には三十余名の来場があり、始まったばかりのサルバドール宣教について熱い関心を示してくださり、とても励まされました。

続いて四日には「ラテンアメリカ・キリスト教」ネットの創立一〇周年記念プロジェクトとして、農村伝道神学校の協力を得て特別講義を実施。テーマ「教皇フランシスコと解放の神学――ラテンアメリカ、そして日本から考える」のもとで、大倉一郎さん（日本基督教団川和教会牧師、農村伝道神学校兼任教師）、渡辺英俊さんと小井沼眞樹子が講師を務めました。[*1] 農伝の神学生、教師を含む五〇名以上が参加して有意義な学びを共にしました。

アルゼンチン出身の教皇フランシスコ就任以来、その言葉と行動によって、カトリック教会のみならずキリスト教界全体が歴史的変革の動きの中にあります。そのことをもっと広く共有して、この時代にふさわしい教会のあり方へと成長し導かれますよう願ってやみません。

さらに今回の帰国中、もうひとつの嬉しい出会いは、一〇月一六日に日本基督教団神戸栄光教会で説教と宣教報告の機会が与えられたことです。そこには野田和人牧師（故人）とお連れ合いのEさんが働いておられます。彼がまだ神学生だった頃、サンパウロ福音教会に二度訪ねて来られ、國光と話し込んでいかれました。その後、夫が病気でサンパウロを去ることになった時、後任の件で野田さんに打診した経緯があります。あいにくその願いは叶えられませんでしたが、野田さんはそのことをずっとこころにとどめて、ある時『信徒の友』誌の中で「オリンダで単身宣教中の小井沼眞樹子師を覚えて祈り、支えていきたい」と書いてくださって、私はその記事を大事に保存していたのです。

今回、神戸栄光教会に行って驚いたのは、それは美しい煉瓦《れんが》づくりの立派な教会で、五〇〇名以上の会員を擁し、メソジストの流れを組む歴史のある大教会でした。そこであのオリンダの貧しく小さなメソジスト教会での宣教を、映像と共に紹介することができたのです。

このように地球の両側のメソジスト教会を結ぶ架け橋となれたことは、本当に喜ばしい出来事でした。野田牧師夫妻は二年ごとに訪伯されますが、来年教会員といっしょにぜひサルバドールを訪問したいと言っておられます。今後の展開が楽しみになってきました。*2

サンパウロにて（一一月一〇日～一三日）

一一月一三日に開かれるサンパウロ福音教会の創立五〇周年記念礼拝へ出席するため、今回の一時帰国は幾分短くなりました。鹿児島から松本敏之牧師がご子息といっしょに来伯され、礼拝説教を担当したあと、オリンダとサルバドールまで訪ねてくださる段取りになっていました。

サンパウロに着いた翌朝、いつも宿泊させてくださる友人夫妻といっしょにイビラプエラ公園に。ジャカランダの花がまだ彩りを残す木々の間を歩いていると、一一年前、両腕がだらりとさがり、呼吸も苦しく悲しそうだった國光の姿が鮮明に脳裏に浮かび涙しました。伴侶といえども夫の心中にどこまでこころを沿わせていたのか。自らの非人情を省み、それでも赦されて今またブラジルへ戻り、宣教師として生かされていく幸いをこころに深くとどめ感謝しました。

記念式には、教会員はもとより近隣諸教会からも懐かしい方々が多数参列されて嬉しい再会。松本敏之牧師のこころ打つメッセージと楽しいユーモア、通訳のH牧師（二世）の明るい人柄と宣教の熱意によって、参会者一同が感謝と喜びに満たされ、希望を新たにして歩み出すよき節目となりました。

サルバドールに戻って

一六日に松本牧師と息子さんをお迎えして、一日半、ヴァレリオ教会をご案内しました。よくしゃべり、笑い、音楽やダンスを楽しんで過ごし……再び静かな観想生活に。

日本やサンパウロで過ごした中身のギュッと詰まった時間、あらゆる意味で「有能な」人々との密度の濃い関わり、あふれる知識、美しい施設、便利な機器……それらすべてを後ろに置いて現場に戻ると、そこは深い暗闇がたちこめているように見えます。人材も設備もないないづくし。高齢教会員のほとんどが病気やけがで伏し、麻薬がらみの殺人事件が身近に起こったとのこと。二〇日には出席者は四名で教会学校だけ持って礼拝はせずに散会しました。礼拝をこそささげたかったのにがっかり。アドベントを迎えるために、一人で奔走してアドベント用品を買い求め、アドベントの賛美歌を練習しました。二七日にはろうそくに一本光がともり、子ども二名を含む一二名の参加でした。

真の暗闇を知るところにこそ、光が輝くと信じ、待ち望むときを過ごしています。

(SALVADOR 第二号・二〇一六年一二月一〇日発行)

ペロウリンニョ広場にて松本敏之牧師と
(2016年11月16日)

＊1　ラキネットでは、牧師も信徒も対等な関係であることを大切にして、牧師を先生と呼ばない約束をしています。

＊2　二〇二一年一〇月一一日、野田和人牧師は急逝されました。六六歳。若い頃一〇年間ブラジルのサンパウロで生活され、大のブラジルファンでした。ただブラジルが好きというだけでなく、神学校

では解放の神学を学び、修士論文のテーマは「ブラジル日系教会におけるキリスト教宣教」でした。二〇〇四年にその現地調査をするためにサンパウロに来られて亡夫小井沼國光と出会い、そこで宣教者としての大きなチャレンジを受けたと、葬送式の式辞を通して知りました。また愛唱賛美歌のひとつとして『讃美歌21』四八〇番「新しい時をめざし」が歌われました。これはブラジル賛美歌〝Momento Novo〟の日本語版です。野田牧師は八年間の神戸栄光教会での宣教と牧会を通して、限りなく解放の福音を生きようとしておられたことが伝わってきました。

抵抗の底力はどこから

昨秋の一時帰国から五カ月後の三月に、再度一時帰国しました。三男の結婚式に参列することが直接の理由でした。

國光の告別式をしてから一一年後、同じ日本聖書神学校の新チャペルで、秋吉隆雄牧師の司式のもとで今度は末息子の結婚式を行うことができ、感無量。安堵しました。

滞在中は年度の変わり目で、教会総会や受難週、復活祭などで日曜日の予定が詰まっていたため、池袋西教会で宣教報告会を持った以外は仕事がなく、母国語の交わりによって十分英気を養い、五月一一日に再度サルバドールに戻りました。

ヴァレリオ・シルヴァ合同長老教会の現実

長旅の疲れと、時差と気温差をゆっくり調整するはずが、現実はそう甘くなかった。着いた翌週は母の日の礼拝で、主任牧師がお連れ合いを母親の住む隣の州の町に連れていくので、戻ってこられないと言います。前の日曜日には、最高齢の信徒があの急階段で転んで頭をけがするというハプニングがあり、救急病院に連れていったために説教ができなかったそうです。マキコはまだ代行は無理だろうから、長老Gさんに礼拝の件は頼んであるというのですが、それでは協力牧師として私の気が済みません。時差で朦朧《もうろう》としながらなんとかメッセージを仕上げ、日本で習い作っておいたバラの折り紙を使って飾りつけ、母の日らしい礼拝をささげることができました。初めは少人数でしたが、あとから参会者が増えて、最後には大人八名、子ども四名の礼拝に。大きな喜びと感謝で満たされました。

留守中、教会の懸案事項は何ひとつ解決に向けて動いておらず、二カ月間、時が止まっていたかのようです。小さな者に課せられている任務と責任を改めて認識し、この群れを愛し、仕えていこうとの思いを強めています。

混迷する社会状況

ブラジルの政治状況については正直なところ明確に述べることができません。

昨年、現職の女性大統領を不当な理由で罷免に追いやり、新たに発足した暫定政権ですが、その弾劾裁判の陰にはアメリカからの多額の資金が送り込まれ、賛成投票した議員に配られていたことが発覚。また罷免を主導した下院議院議長も、ほどなく巨額の汚職が摘発されて牢獄入り。そのほか、今に至っても次々に発覚する現行政府要人の汚職に、ブラジル政府は混乱し、日夜そのニュースが流れています。

新政権は小農民や先住民、労働者など社会的弱者の人権や生活保障を踏みつけにして経済回復を優先する「福祉行政改革」を推進中ですが、それに対する民衆の反発と抵抗運動も激化していることは確かです。去る四月二八日にはブラジル史上最大のゼネストが行われ、労働組合のみならず農民運動、様々な市民運動もそこに合流したといいます。

社会全体が危機的状態に追いやられているのですが、民衆の抵抗力はそがれるどころかますます熱く燃え広がっていくようです。サルバドールでもデモ行進に出合いますが、そこには悲壮感がなく、音楽や鳴り物入りでお祭りのような楽しさ、陽気さで行われているのを見るにつけ、ブラジル人特有の強力なエネルギーに敬服しています。

対話、祈り、聖書黙想

そのような混沌とした社会状況の中で、身近に有意義な企画が三件開催されたので参加しました。

I、レオナルド・ボフとの対話　五月二五日　CESEのホールにて
・テーマ「危機から希望へ――生きやすい世界へ向かう新しい道（道＝複数形）」
L・ボフはかつてカトリック司祭で、解放の神学の旗手の一人として多数の書物を著し、意識化運動を導いた人。バチカン教理省による締めつけが始まり、一九八五年に一年間の沈黙命令を受けて、九二年に司祭職を辞し、リオの州立大学で教壇に立ちながら（現在は名誉教授）今も幅広く精力的に市民社会のオピニオンリーダーを務めている人物です。

会場に入りきれないほどの聴衆が詰めかけ、現代社会情勢への鋭い分析と批判、英知に満ちた洞察と的確な助言を聴きました。それから質疑応答が続き、会場は熱気に包まれ、最後は友愛と感謝をこめた割れるような拍手でした。ボフは当時七八歳。教皇フランシスコの出現を誰よりも喜び、講演中でも何度も教皇について言及していました。

以下、理解した範囲での講演内容を要約。
①新自由主義に対して断固としてノーと言わなければいけない。貧困と不平等、抑圧を生み、人間のみならず自然までも生存が脅かされている。地球の方がもうもたないだろう。
②私たちは互いを思いやり、助け合う新しいこころと精神を持とう。
③各人は種である。小さくても芽生え育ち、花が咲き、実りをもたらす。そこには希望がある。自分ならではの主体的生き方が大切だ。
④世界を変えるのは、大きなプロジェクトではない。置かれた場所での人間らしさを生み出す様々な

小さな取り組みがもっと増えてつながり、世界全体の流れを変えていくというあり方がよい。

⑤「解放の神学は生きていますか」という質問に対する応答――抑圧の状況が世界中に拡大している今こそ、解放の神学は生きて有用なものとなっている。

Ⅱ、キリスト者一致祈祷週間

サルバドールにはバイーア・エキュメニカル・キリスト教会協議会（ＣＥＢＩＣ＝セビッキ）というグループがあり、毎年ペンテコステ（聖霊降臨日）の前に「キリスト者一致祈祷週間」を行っています。

今年の祈祷週間は、宗教改革五〇〇年を記念して、ドイツのルーテル教会が用意した式文に沿って行われました。

・テーマ「和解――キリストの愛が私たちを駆り立てている」（Ⅱコリント五・一四）

①開会礼拝　五月二七日　サント・アントニオ・ダ・バーハ教会

私たちを分断する石は何だろうかという問いかけのもとで、憎しみ、差別、孤立、権力欲、金銭崇拝などがあげられ、一二個の箱を積み上げて壁を作り、それを壊して十字架を組み立てる作業。壁はすぐに出来上がるけれど、十字架が形作られるまでには時間がかかることを体験した。

②祈祷集会　五月三〇日　トリンダージ共同体

緑の枝で組まれた十字架に、各自がろうそくに火をともして立て、庭で咲いた花々で飾り、賛美歌を歌いながら、十字架に希望の光を見つめて祈る静かな時が流れた。
③閉会礼拝　六月四日（ペンテコステ）　サルバドール合同長老教会
Ⅲ、中ノ瀬重之神父による聖書講座　六月一～三日
・テーマ「メシア運動とナザレのイエス」
八年ぶりに中ノ瀬重之神父と再会。相変わらずエネルギッシュなシゲ神父の講義。聖書の歴史社会的コンテキストによる徹底的な分析と、黙想による霊的読解の併用によって、ナザレのイエスは私にとってまた共同体にとってどういうメシアなのかを深める共同学習でした。

（SALVADOR 第三号・二〇一七年六月二五日発行）

小さな喜びに生かされて

一番新しく、最も小さな教会

今年の後半期には、ブラジル合同長老教会の定期総会が七月末にサンパウロで開かれ、ダゴベルト牧師、長老Gさんといっしょに参加しました。

日本で教団総会とは縁のなかった私は、何が起こるのか興味津々。同時にポ語漬けの三日間に耐え得るか心配半分でした。とある施設に缶詰めになって、全教区から一〇〇名余りの常議員(牧師と信徒)が集まり、真夜中まで熱い討議を展開。総会新執行部も選出されました。ちなみに、ＩＰＵの総会議長は長老から選出することを常としていて、このたびは女性議長です。彼女は過去の経験から信頼を得て、二度目の就任です。

この会議で私は日本基督教団派遣宣教師として紹介され、ＩＰＵの牧師として公認されました。最終日には、今後の教会の歩みを展望する二つの講演を聴き、宗教改革記念礼拝を他教会の代表者と共にささげました。内容の詳細には入りこめなかったものの、会議全体の雰囲気とメンバー相互の関係の中に、信仰の一致と友愛があふれていて、こころ熱くされた初めての総会体験でした。

ＩＰＵについては、会報創刊号（本書二〇五頁）で述べたように、ブラジルの軍政時代に旧ブラジル長老教会から追放された反体制派の人々が一九七八年九月にＦＥＮＩＰを立ち上げ、それがＩＰＵ創立となりました。ブラジルで一番小さなプロテスタント教会とのことで、全土に八教区、四六教会あり、四〇名の牧師（女性牧師一〇名）が世俗の職業を持ちながら牧会しています。宣教姿勢として①個人と社会に向けての福音宣教、②周縁化された人々との連帯、③民主的教会形成＝女性牧師職を是認、④他教会との開かれた関係性（エキュメニズム）を掲げて歩んでいます。「改革され、常に改革しつつある教会」と自己表現し、次のような公認の「教会歌」を持っています。

「キリスト信者なら何をしているのか？」
わたしがキリスト信者なら何をしているのか？
キリストにすべての罪を赦されたのなら。
家もなくパンもない多くの貧しい人がいる。
救いのない多くのいのちがあるというのに。
キリストは私たちの救いのために来られた。
分け隔てないすべての人々の救いのために。
魂を救うだけでなく、体も復活させるために。
この国にはたくさんの飢えに苦しむ人々がいる。
不幸な人々がいる。子どもたちが死んでいく。
多くの老人たちが病に苦しんでいる。
文字の読み書きを知らない人たち、
暗闇のなかで奴隷のように生きざるを得ない人たちが
なんと多くいることか。
権力を握る人たちに伝えよう、金持ちたちに訴えよう。
不正は神に背くこと、恥ずべき悲惨は天を侮辱することだということを。

（日本語訳＝小井沼）

短調のメロディーが美しい賛美歌で、大切な礼拝やイベントの最後に必ず歌われ、そのたびにＩＰＵの魂に触れるような気がします。

意気消沈

八月から一〇月末までは、宗教改革五〇〇年を記念して、サルバドールでも多くのエキュメニカルな（諸教会がいっしょに行う）特別行事が開催され、私もいくつかに参加しました。この教会変革の歴史的出来事を、南米大陸のブラジル、しかもサルバドールという都市で回顧し、その今日的意義を掘り下げることに、ヨーロッパや日本とは異なる発見があるのではないか、そんな期待感が私の内に大きくありました。

ところが、せっかくの講演の内容がちっとも理解できない、注意を集中させて一生懸命聞き耳を立てていても、話の根幹がつかめないのです。難解な知的語彙《ご い》とスピードについていけない。要旨がつかめればまだしも、このたびはどの講演に接してもほとんど落ちこぼれていました。あらかじめレジュメが配布されたり、あとでまとめが文書で報告されたりすることがないので、内容を追跡するすべがありません。自分の限界を突き付けられて本当にがっかりし、「これではだめだァ」と何日も意気消沈……。どうしたらこの言語の壁を突破できるのかと悶々《もんもん》と考えました。が、結局行きついたのは――どんなに頑張ってみたところで、しょせん、私は外国人、言葉の限界は超えられない。ならば限界を受け入れるよりほかにない。大き過ぎることを望まず、限界づけられた生活の中で、私に託されている任務を精いっぱい果たしていくことだ――という結論でした。

地域の中へ

私たちヴァレリオ教会はＩＰＵに属する教会の中でも恐らく最も小さく貧しい教会でしょう。教会員の中でその地域の住人は高齢女性三名で、その内二名は今年になって身体の弱さが進行して教会に参加できない状態になっています。そのため礼拝参加者はさらに少なくなりましたが、小さな礼拝の中でいつも愛と憐れみの神が私たちの間に臨在しておられることを実感します。そこで信仰を新たにされ、勇気と希望を注がれて歩み続けています。神の家族として相互の愛情も深まってきて、それは本当に恵みそのもの。

「小さな群れよ、恐れるな。あなたがたの父は喜んで神の国をくださる」（ルカによる福音書一二章三二節）

高齢の姉妹たちが教会の交わりから孤立しないように、もう一人の地域の住人Ｄさんに付き添ってもらって毎水曜日、訪問に励んでいます。

私より二歳年上の彼女は両足の痛みがあり、転ばないように私と腕を組んでゆっくり歩いています。Ｄさんと同行することで、積み重なる家々（次頁の写真参照）の中へ少しずつ入っていくことができるようになってきました。* 彼女の母親がその昔、熱心な信徒リーダー（長老）でよく訪問活動し、人々を助け導いた人だったようで、Dさんと歩いているといろいろな人が話しかけてきます。そこで彼女は私を「教会の牧師さんです」と紹介し……今後、私も地域の中にだんだんと受け入れられていくでしょう。

新たな訪問先は主にDさんの親戚や知り合いの家です。簡素な住まいの中で素朴に生きている人たちに出会います。そこで交わされる会話は、先に述べた講演会とは別の次元で聞き取りが困難で、もっぱらDさんが話し相手になり、何の話かわからなくても私はうなずきながら聞き役に徹しています。また彼女は良い声で賛美歌を歌い、お祈りも担当します。私はただ寄り添ってそこに居るだけの牧師。

ヴァレリオ教会の所在する地区

交わされる言葉の中で、少しでも聖書に関わりのある内容が想像できたときに、聖書を開いて読み、簡単に言葉を加えます。すると福音はすでに彼ら彼女たちのこころの中に根づいていて、驚くほど素直に信仰的な応答が出てきて……その時ほど、私を喜ばせる瞬間はありません。み言葉の真理は説明抜きでいのちの糧となって、素朴な人々に生きる力を注いでいます。困難な生活の中で、神の愛を率直に信じて助け合って生きる姿に接するとき、そこに私はイエスがおられると直感するのです。家に閉じこもりがちだったDさんも、訪問の中で喜びを受け取っていることは確かで、足の痛みにめげずによく協力してくださり、いきいきとしてきました。

折しも一一月一九日は教皇フランシスコが提唱した「貧しい人のための世界祈願日」。貧しい人たちを単なる援助の対象とするのは間違いで、彼ら彼女らこそ教会の中心的存在、福音宣教の主人公なのだと、教皇は折に触れて述べています。教皇のアルゼンチンでの貧困居住区に寄り添って歩んできた体験を経て、現在の教皇庁改革の力強い実践が出てきているのですから、そこに真実が見えるではありませんか。

バイーアのユックリズム

ヴァレリオ教会が将来の伝道のために平地に新会堂を建築するプロジェクトを立ち上げて、募金活動を始めています。

道路と同じ平面に敷地をつくるためには大木を三本切り倒さなければならず、年頭から市当局に申請の手続きをしてきました。牧師が再三足を運んでやっと書類上の申請が受理され、指定の伐採業者も現場を見て見積もりを出してきて、これで事が前に進むと思いきや、最終の工事許可は市政府が出すというのです。けれどもいまだに何の沙汰もありません。このまま年末になり、またもや「カーニバル明け」ということになるのでしょうか。

バイーアはなんとユックリなのでしょう。

（SALVADOR 第四号・二〇一七年一二月一〇日発行）

＊ 写真では一軒の家が二階、三階と建て増ししているように見えますが、別の家族が住んでいる住居が積み重なっているのです。

一粒の麦、地に落ちて

「一粒の麦は、地に落ちて死ななければ、一粒のままである。だが、死ねば、多くの実を結ぶ。」（ヨハネによる福音書一二章二四節）

任期三年の最終年となりました。

前号会報の中で「バイーアのユックリズム」と称して新会堂建設プロジェクトが頓挫している事情をお伝えしましたが、結局、カーニバル明けまで待っても市当局が立ち木伐採を実施しないので、残念ながらこの建設案を廃棄せざるを得なくなりました。白紙に戻して、市政府の許可を必要とせずに実施できる新たなプロジェクトを立ち上げるところまでこぎつけて、私の健康上に問題が生じ、四月一九日から二カ月間日本に一時帰国しました。滞在中の大半は医療処置と経過観察、そのほかの検査で過ごしましたが、幸い無事に健康回復を果たしてサルバドールに戻ることができました。

以下に、一時帰国中に横浜港南台教会で行われたブラジル宣教報告会の要旨と、礼拝説教の中で紹介した出来事などを分かち合いたいと思います。

奴隷化社会への抵抗のパレード

今年二月に行われたリオのカーニバルで、特に話題に上ったのはパライゾ・デ・トゥユチというサンバチームの奴隷制をテーマとしたパレードです。

ご存じのように、ブラジルはポルトガルによる植民地支配のもとで三〇〇年間続いた奴隷制の歴史があり、今なお不平等と非人間化に苦しめられている人々が大勢います。その歴史を再現し、さらに現代の奴隷化社会を批判してサンバのリズムに乗せて歌い、踊り、演じたパライゾ・デ・トゥユチの見事なパレードを、映像を通して断片的に鑑賞しました。

「わが神、わが神どうか現代の奴隷制の囚人を解放してください」

この歌詞が、民衆の叫びとなってブラジル社会の底辺から沸き起こっているのを強く感じさせられます。カーニバルは、決して単なる熱狂的お祭りではありません。それぞれのサンバチーム（エスコーラ・ダ・サンバ）が一年かけて主題歌の歌詞、メロディー、ダンスや衣装、大掛かりな山車パフォーマンスなどを入念に準備し、現実の社会状況に対して民衆独自の主張や批判、願望を表現する大切な祭典なのです。

マリエリ・フランコの暗殺事件

二年ごとに行われる世界社会フォーラムが、三月一一～一六日にサルバドールで開催され、それと並行して神学と解放フォーラムも行われました。言葉の壁があるものの、この好機を逃すまいと、私も末席に座して世界各国からの参加者の発言に耳を傾けていました。

一五日には、地元サルバドールの諸教会・団体が共同して準備したパネルディスカッションが企画されていて、その朝、私はその講演会場に臨席していました。開会の時間になると、突然正面のスクリーンに一人の女性が映し出され……その横には「闘いは続く、あなたによって、私たちによって。マリエリ・フランコはここにいる」という言葉がありました。

これは誰だろう、このメッセージは一体何のことか、と自問しながらそこにいますと、だんだん事の真相が明らかになってきました。

その前夜の九時過ぎに、リオ市の黒人女性市会議員のマリエリ・フランコが何者かに襲撃され殺されたのです。三八歳。運転手のアンデルソン・ゴメスも犠牲になりました。

パネラーの一人でマリエリ・フランコの親しい友人だったリオの若い牧師は、サルバドールに向かう空港でその凶報を受け取り、泣きながら、講演会には行けないと電話してきたとのことでした。

会場全体は一変して深い悲しみと憤りに包まれました。それでもいのちの光を見失うまいと、講師たちの語る言葉に耳を傾けました。

マリエリ・フランコは、リオ市でも暴力沙汰で有名なコンプレクソ・ダ・マレーというファヴェーラ（スラム）で生まれ育ち、一八歳までその地区の女子たちが通常たどる道を歩き、一〇代で妊娠。けれども、そこから脱出して大学受験を目指して勉強し始めます。一九歳で娘を出産したあとも勉強を続け、リオのカトリック大学で社会学を学びながら、ファヴェーラの住人の生活向上、特に黒人や女性、性的マイノリティ（自らも同性愛者であることを表明）の人たちの人権擁護、子どもたちの教育環境改善を目指す活動を続けました。大学卒業後は連邦大学で行政学の修士課程を修め、二〇一六年にリオ市の市議会議員に立候補して、当選します。唯一、初めての黒人女性議員で、社会の弱い立場の人々の生活保障や安全のために働き、リオ市政に連邦軍が介入してから多くの犠牲者が出ていることを批判して、果敢に抗議を続けていたのです。

その事件後、彼女の死を悼むメッセージや抗議文が数々出され、それらを読むにつけ、無念で無念で涙が滝のように流れて……生前の彼女を少しも知らなかったのに、彼女の死は一粒の麦となって確かに小さな宣教師のこころにも落ちたのでした。再びサルバドールに戻ってきた今「自分の十字架を負って、私に従いなさい」（ルカ九・二三）というイエスの言葉を反すうしています。*

宣教という愚かな手段によって

私たちヴァレリオ教会の周辺地域も、リオのファヴェーラほどではないにせよ、劣悪な住環境です。子どもたち、青年たちへの教育的文化的活動は皆無で、麻薬がらみの殺人事件が頻発しています。そのたびに残念な思いに駆られ、教会の使命を果たさなければと強く感じるのです。それは福音宣教を言葉と実践行動を通して行うこと、地域に根差した、互いに助け合う信仰共同体の形成にほかなりません。その使命を教会が果たすために、私が日本から遣わされていることを、改めて深く受け取りなおしています。通常の合理的精神に従って考えるならば、言葉も十分に使いこなせない小さな者が単身で、どうしてこの地にとどまり続けるのかと思う方もおられるでしょう。

使徒パウロによれば、人間の知恵知識によっては、人は神を知ることができない。そこで神は宣教という愚かな（＝気が変になったような、常軌を逸した）手段を用いて信じる者を救おうとされる。十字架につけられたキリストこそが神の知恵なのだというのです（Ｉコリント一・二一）。この務めに召し出されている自分の幸いを思い、皆さんのお祈りに支えられながら今後も歩み続けていきたいと思います。

（SALVADOR 第五号・二〇一八年七月一〇日発行）

＊　マリエリ・フランコの暗殺事件後、六年を経て二〇二四年三月に、ようやく殺害容疑者三名が逮捕されました。マリエリの遺志を継いで人権擁護活動を続けている妹のアニエリ・フランコは、二三年一月、ルーラ新大統領のもとで発足した行政府に、史上初の「人種平等省（Ministério da Igualdade Racial）」の大臣として入閣し、その政治的責務を遂行中です。

愛は忍耐強い

フェリス・ナタール（メリー・クリスマス）。

この一二月末をもってサルバドールでの第一任期が終わろうとしています。この間、多くの皆さまのお祈りとご支援によって支えられ、歩んでまいりました。こころから感謝申し上げます。「石の上にも三年」とは、よく表現したものだと思います。小さな宣教師も、たびたびこの言葉を胸に刻みながら三年間過ごしてきました。けれども、この忍耐の期間が同時に教会員相互の信頼と友愛を育んできたことは確かです。愛の特徴を「忍耐強い」と第一に挙げるパウロのことば（Ⅰコリント一三章）に慰められ、感謝しつつ、三年間の宣教生活を振り返ってみたいと思います。

出会った現実

ヴァレリオ教会は、広範な貧困住宅地の一角に存在し、会堂は高台に建てられています。その地区に住んでいる二名の高齢信徒（最近一名召天）は階段の昇降が難しく、また新しい参会者を期待することもできません。牧師がいなかった時代には、長老のGさんが一人で教会を続けてきたのです。そのほかのメンバーは遠方に住んでいて参加は不定期。教会の宣教を担っていく働き手が本当に足りない小さな教会です。私の赴任の一年前に就任したダゴベルト牧師も住まいは遠くにあって、病弱な妻の介護もあり、教会に来るのは日曜日と、水曜日だけです。

教会の集会は日曜日の午前中に教会学校と礼拝があり、水曜日には洋裁教室をしています。礼拝が終わると皆、スーッと散会していき、お互いの生活を分かち合う交わりの不足を感じました。

教会の主要な事柄を取りきめる定期的な会議も行われず、いつも物事が、よく言えば臨機応変に運ばれていました。

このように、働き人も、経済力も、交わりも、組織化も乏しい教会に、神さまは私を遣わされたのです。けれども信仰の灯は消えていませんでした。すでに旅立った先人たちの信仰を受け継ぎ、この地域に建てられた教会の使命をなんとか果たしたいと望んでいました。

取り組んできたこと

・毎月一回、礼拝説教を担当。
・長老会を開き、教会の将来を考えて、新会堂建設案を立ち上げ、募金活動を開始した。
・週報、そのほかのイベント案内の作成、印刷。
・子どもが来たとき、子どもの教会学校を担当。
・水曜日の午前中、信徒の家庭を訪問。午後には祈祷会を持つことが定着した。
・話し合って物事を決定し、実施するようになり、計画性、協働性が少しずつ育ってきた。

・母の日、子どもの日、ナタールの祝祭に地域の人々、子どもたちを招待した。

【ダゴベルト牧師による評価】

1. 毎月一回礼拝説教を担当し、牧師と共同して聖餐式を執行しました。み言葉の宣教と聖霊のとりなしによって教会の一致が深まりました。
2. 子どもの教会学校の先生を務めました。マキコ師は子どもたちからとても慕われ、ジャッパ先生（日本人先生）と呼ばれ尊敬されています。
3. 水曜日の社会活動（洋裁教室）に協力し、午後には祈祷会に参加しました。
4. 地域在住の教会員の家庭集会に参加し、高齢者や病人の家をよく訪問しました。
5. 教会暦に即した礼拝式文とお知らせ、誕生者名などを含む週報の作成に尽力しました。
6. 長老会への協力――宣教姿勢を明確にして、メンバーの尊厳や個性を大切にしながら率直に話し合い、物事を決定できるようになりました。
7. 新会堂建設プロジェクト――周辺地域への使命を果たすために、私たちは新会堂建設と地区センターの改築案を立ち上げ、マキコ師はその募金活動に尽力しました。
8. ヴァレリオ教会の代表として、サルバドール教区総会やブラジル合同長老教会定期総会に参加しました。
9. 他教会との交わり――異なる教派や他教会と積極的に交わり、特に楽器演奏を通してエキュメニズムの推進に貢献しました。

最後に、マキコ宣教師は謙遜かつ明快な態度で「神の国」の建設を強く望み、ブラジル、バイーア州のサルバドールにある合同長老教会の成長に貢献しています。


ヴァレリオ・シルヴァ合同長老教会牧師ダゴベルト・ペレイラ

（日本語訳責任＝小井沼）

新たな会堂建築プロジェクトについて

道路と同じ平面に新会堂を建てる当初の計画は、立ち木伐採許可を得るために二年間市当局と交渉し、カーニバル明けまで待っても実施されなかったため、廃棄せざるを得なくなりました。

仕切りなおして、市政府からの許可を必要としない新案を次のように立ち上げました。

現在の会堂に隣接する土地に、二棟の教育施設が建てられています。もう長い間、ヴァレリオ教会はこの施設を使用して教育活動をすることはなく、ある個人保育者に貸与していました。けれども、その保育活動も細々としたもので、最近は賃貸料の滞納が続いていました。

この土地には、教会の前にある急勾配の階段を上らなくても、脇道から坂を上って到達することができます。また前面には駐車場を確保するだけのスペースもあり、車で上ってくることも可能です。また、教会の私有地ですから建設工事に市の許可は必要ありません。私たちはそこに目をつけたのです。

設計図が出来上がってきたのは、七月初旬。それから待つこと四カ月あまり、一一月中旬にやっと詳細な見積もりが上がってきましたので、今度こそ着工に進めそうです。

なお、任期は二〇一九年二月～二〇二一年一二月まで更新されました。引き続き、お祈りとご協力をどうぞよろしくお願いいたします。

（SALVADOR第六号・二〇一八年一二月一五日発行）

天国に一人を加えて

多くの皆さんのお祈りとご支援を感謝しつつ、第二任期に入ってから最初の会報をお届けします。任期を更新する前に、珍しく年末から年始にかけて、日本で休暇を過ごしました。入院中の姉が弱っていると妹から知らせを受けていて、姉を見舞うことと、昨年六月に、極低出生体重児で生まれた孫が順調に育っている姿を見るのが目的でした。

幸い姉は小康状態が続いていて、年明けに見舞うと、「マキちゃん、ブラジルからはるばる来てくれたの、うれしい……」と、か細い声で喜びを表現してくれました。翌日は入浴後で顔色も良く、思わず「お姉さま、桜草の花みたいにきれいよ」と言葉をかけると、「そう？」と嬉しそうに微笑んで……ちょうど妹の家の玄関先に桜草がかわいらしい花を咲かせていたのです。姉は小さく可憐なこの花が大好きでした。

別れ際に手を握って祈りますと、「アーメン！」としっかりした声で唱和し、祈りをよく理解して全霊で応答していることが伝わってきました。それが姉との別れとなりました。出国直前にもう一度見舞うつもりでしたが、あいにく私が風邪をひいてしまい、断念して帰路についたのです。長旅を終えてサルバドールに帰りつき、丸一日後、一月二〇日に訃報が届きました。七四歳でした。

姉・節子をめぐって

その後、姉と共に過ごした幼少の頃からのことがせきを切ったように脳裏によみがえってきました。

I．誕生から二〇歳頃まで

三歳年上の姉・節子は、一九四四（昭和一九）年、父が戦地に赴いている留守中に、札幌の母の実家で生まれました。小学校に入学する前年、戦後のまだ衛生環境の悪かった時代に日本脳炎に罹患し、一命を取りとめたものの知的障がいを負う身となったのです。以後、母の養育の苦労は計り知れません。父が二年間アメリカに留学中、四人の乳幼児を抱えていた母の失火で、住んでいた共同住宅が全焼するという惨事にも見舞われました。

小学生時代の私は小憎らしい妹で、すべてに遅い姉をからかい、毎日ドタバタけんか騒ぎを繰り広げて母の嘆息を増やしていました。

姉は小学校を卒業後、都立青鳥養護学校（現在は青鳥特別支援学校）に通い、その後、知的障がい者を雇用していた会社にしばらく勤めました。この頃、ひきつけの発作をしばしば起こし、駅で倒れたとの報を受けて何度か迎えに行ったものです。母は姉の能力を少しでも伸ばそうとして、生け花、手芸、料理など、一生懸命教えていました。一方、父は姉の能力不足を叱り飛ばすばかりで、母との間で意見が合わず、時には物が飛び交うほどのいさかいを繰り広げていました。

Ⅱ．反抗期

成長するにつれ姉の心身の状況も変化し、やがて会社勤めもやめて家にこもるようになりました。家族の声掛けを「うるさい！」と一切拒絶し、ガリガリにやせてしまいました。部屋のドアをバタン、バタンと開け閉めして二階から階下へと行ったり来たり、奇行を一日中繰り返すのです。その頃の母は、四七歳で最初の脳出血で倒れて以降、なんとか回復したものの心身ともに丈夫ではなく、家族が皆出かけていってしまうと、姉を恐れて物陰に隠れるようにして暮らしていました。大学の要職にあった父は、学園紛争のさなかで忙しく、家庭を顧みるゆとりがありませんでした。しかし、姉の将来のことを考えるように強く説得し、専門家に相談しに行ってもらいますと、診断は「反抗期で長引くでしょう」ということでした。

二〇代から三〇代前半にかけて、姉は本当にこころ痛むかわいそうな状況でした。

母の小康の合間に私は結婚して実家から離れ、しばらく子育てに追われていた間、妹が病院勤務をしながら家庭を支えました。やがて、母が脳膿瘍という病気で小脳を摘出、重度の身体障がい者となったのです。五四歳でした。母が家庭から姿を消したあと、身近に世話をする人が誰もおらず、姉の荒れた生活は続きました。私は乳幼児二人を連れて、しばらく実家を手伝っていましたが、引き上げる前に家政婦さんに来てもらうことにしました。幸いなことに、障がい者の世話を経験したことのある優しい人が来てくれて、姉は少しずつ落ち着き始めました。

Ⅲ．福祉作業所時代

母は聖路加国際病院に三年近く入院したあと、奇跡的に回復して退院できる見通しが出てきました。そこで、介護を妹と交代すべく、小井沼一家は四歳と二歳の息子たちを連れて実家に同居することになりました。

実際に始めてみますと、四六時中不可解な行動を繰り返す姉との日常生活はとても大変でした。福祉事務所に相談に行きますと、福祉作業所に通うことを勧められました。そのためには、知的障がいを認定する「愛の手帳」が必要なので、嫌がる姉をなだめすかして、次男の手を引きながら、なんとか身障者福祉センターに連れていきました。

それから、小田急線の梅ヶ丘に所在する白梅福祉作業所に、お弁当を持って朝九時から夕方四時まで通う生活が定着するまで半年もかかりました。これが姉の生活改善の第一歩でした。保護者会や、遠足などの行事にはできるだけ父に行ってもらい、父が姉の養育の責任者であることを自覚してもらうように仕向け……。親子の関係が回復してくるにつれ、姉もふっくらして元気そうになりました。

Ⅳ．施設生活

母と姉という大人の障がい者と、三人の乳幼児（渦中で三男が誕生）、会社員の夫と大学教授の父の同居生活は、想像を超えて困難でした。幼い子たちが次々に事故や病気で入院する憂き目に遭い、同居は二年で破綻。近所の借家に引っ越して通いの介護生活を三年続けました。

やがて、会社からの家賃援助の期限が来たので、横浜に家を建てて引っ越すことになりました。義妹（弟の妻）に介護を引き渡すにあたって、当時通っていた経堂北教会の牧師夫人が、母と姉二人の介護は無理だから、どちらかを施設にお願いしたら、と助言してくださったのです。

知人の紹介で長野県上田市の宝池住吉寮を見学に行きました。帰り道、姉に「どうだった？」と聞きますと、思いがけず「行ってもいいと思う」との返事。憐れみ深い神さまの導きとしか思えず、本当に涙が出ました。

一九八三年から、姉の人生の新たな展開として施設での生活が始まりました。三九歳から六三歳までの二四年間、姉はリンゴ畑に囲まれた美しい自然環境の中で、小さな一軒家（自立棟）で寝起きしながら、日中は施設で過ごしました。途中で疲れて四カ月も入院したことがあり、姉にとっても容易な生活変化ではなかったのでしょう。けれども、専門の指導員によく介護されて暮らすうちに、姉らしい人格形成がなされたものと思われます。温厚で忍耐強い性格、にっこり笑顔はほかの寮生や職員皆を慰め、得意なカラオケ、様々な作業療法にも参加して平穏に暮らしていました。

八五年に母が召されて、七年後に父が再婚し、盆暮れの休暇で姉が実家に帰ってきても、義母がよく世話をしてくれ安心でした。

その頃には、私たちはブラジルでの五年間の駐在生活を終えて九一年に帰国、五年間宣教師となるべく準備したあと、九六年に再度サンパウロへ旅立ちました。

やがて姉は、加齢と共に入院する頻度が増していきました。父も義母も高齢になってきて、足しげく上田まで出向くことも難しくなっていきます。

V．入院生活

二〇〇八年、ついに義弟（妹の夫）と妹の英断で、施設を出て千葉の長田宅で暮らすことになりました。妹夫妻の温かい配慮でしたけれど、在宅介護は双方にとって負荷が大きかったようです。二年半後に姉はやせ細って、妹の家から目と鼻の先にある療養型の精神科病院に入院することになりました。病院と家を行き来しながら、以後八年間、義弟の理解と妹の献身的介護のもとで療養を続け、与えられた人生の旅路を健気《けなげ》に生き抜いて、天寿を全うしたのでした。

宣教生活二〇年目の希望

今回の紙面をお借りして、読者の皆さんに姉の生涯を知っていただけたことを嬉しく思います。

実際、姉の生活の面倒を見た時期は長く、苦労したことは山ほどありましたけれど、姉は私の魂を浄《きよ》めてくれる天使のような存在だったと、今では深く感謝しています。

ブラジルに私がいることをいつも忘れずいたようで、「私の妹はブラジルにいるの」と施設の職員にも話していたそうです。ある時期には「私の名前は小井沼節子です」と言って驚かされたほどで、私は姉からいつも深く愛されていたのです。

上田に会いに行ったときは、いっしょに布団を並べて、寝る前にたくさん賛美歌を歌いました。私よりよく歌詞を覚えていて、主の祈りはもちろん、使徒信条もよく暗唱できました。幼少の頃から通った教会生活の恵みが姉のこころの底で息づいていました。別れるときにはちぎれるほど手を振っていた姿が、今もくっきりと浮かび上がります。めったに会えないのだけれど、会いに行ったときの第一声はいつも「マキちゃん、会いたかった！」でした。

同じ家庭から、知的障がいを負って生きる人生を与えられた者と、宣教師として生きるように召し出された者が輩出されたことの意味深さを、思いめぐらしています。いのちの存在の不思議を、私は姉と共に生きることによって、深く学ばされたのです。

それは、ここブラジルで出会う多くの見捨てられた人々のいのちの不思議にもつながるものであろうかと思わされます。社会の中で評価されることもなく、価値ある人間として認められず、時として不本意にいのちを奪われていく。そういう夥しい、しかしひとつひとつのいのちに媒介されて、神の愛は担われ、運ばれ、私たちを慰め、励まし、悪に抵抗していく力を注ぎ、助け合い、共に生きる共同体を形作るように促し続けている。紛れもなく、それが私たちの生きている世界の実態ではないでしょうか。巨悪が猛威を振るう絶望的な現実であっても、小さく弱い無辜《むこ》のいのちが存在する限り、希望は決して滅びません。彼ら彼女らこそが、神の愛の担い手であり、歴史の主人公なのですから。

ブラジル宣教生活二〇年に際し、小さな宣教師は思いを新たに歩み出しました。小さな人々とのいのちの交わりを喜び、生かされています。

（SALVADOR 第七号・二〇一九年六月二〇日発行）

実り豊かな秋を過ごして

新年おめでとうございます。

会報八号を年明けにお届けすることになりました。昨秋九月から一一月にかけての日本滞在が長引いたためです。その理由はもちろん、ローマ教皇フランシスコが一一月二三〜二六日に訪日されたからで、諸集会の模様をつぶさにYouTubeの動画で見ました。また、運よく東京ドームでの教皇ミサに参加することができ、パパ（教皇）の姿は豆粒のように小さかったのですが、五万人の参会者とところ燃やされる祝祭を共有でき、感謝でした。

一時帰国中は、いくつもの教会で説教やブラジル宣教報告の機会をいただき、二つの幼稚園でお話ししました。

また、ＪＲのジャパン・レール・パスを使って、あちこちで友人たちと再会し、楽しい交わりの時を過ごしました。

ブラジル宣教に導いた発端の物語

ブラジル宣教二〇年を過ごしてきて、忘れられない、否、忘れてはいけないひとつの出会いの物語を説教の中で紹介しました。

一九八六年に初めて日本から出てブラジルで生活し始めたある日、それは小雨の降る肌寒い夕暮れ時でした。私は日系の貸しビデオ店の中にいました。そこに一人のブラジル人女性がフラフラと入ってきたのです。濡れた薄い服は体にピタリと張り付いてしずくが垂れ、唇は寒さで紫色になりガチガチ震えていました。「まぁ、なんてかわいそうに！」と思いました。そして次の瞬間、私の頭の中でビデオの早送りのように自分の取るべき行動が駆けめぐりました。彼女を車に乗せて連れ帰り、温かいシャワーを浴びさせ、乾いた洋服を着せて、何か温かい食べ物を食べさせたいと……。

ところが、現実の私はまったく体が動かず、ぼうぜんとそこに立ちすくむばかりでした。慌てて出てきた店員に追い払われて、あっという間に彼女の姿は私の目の前から消え去りました。わずか一、二分の出来事だったでしょうか。

けれども、この出会いが、その後の私にもたらした意味合いはとても大きなものでした。苦しむ人を目の前にして何もできなかった自分を恥じて泣きました。思い出すたびに涙があふれ……。

善いサマリア人のたとえのテキスト（ルカ一〇・二九〜三七）で、サマリア人が、傷つき倒れている旅人を見て憐れに思い（三三節）、近づいて介抱します（三四節）。けれど、私の体験は彼女をかわいそうに思っても近づけなかったのです。私の発見は三三節と三四節の間に深い断絶があるという自分の現実でした。

その後、路上にいる貧しい人の横を通り過ぎて教会に通っている自分が、この物語のレビ人や祭司の姿に見え、最後には、先進国の一員として、第三世界の誰かを半殺しにしている強盗の一員ではないかと思い至り、本当に困惑しました。

「お前は本当にキリスト信者なのか？」

この問いがこころに突き刺さって離れない日々が続きました。約二年の月日が過ぎて、やがて、ひとつの気づきに至ります。それは、日本人として生を受けたことによるあふれるばかりの恵みと、同時に、イエスの十字架の赦しによって、個人的な罪だけでなく世界の構造的罪からも解放されていたのだと、贖罪の意味もまったく新しいものとして受け取りなおされたのです。福音の再発見であり、ブラジルの貧しい人々の姿を通してもたらされた第二の回心でした。「誰がこの人の隣人になったと思うか」「行って、あなたも同じようにしなさい」というイエスの言葉は、「ブラジルに行って苦しんでいる人々に仕えなさい」という招きの言葉として私には聞こえ、日本とブラジルをつなぐ宣教師になろうという決意へと導かれたのです。

個人的信仰深さでは、世界の貧富の差の問題を解決することは到底できません。多くの人々とのグローバルな宣教協力が不可欠なのだと思います。

そして二〇年の歳月、ブラジル宣教師として歩み続ける中で、この一人の惨めさの極みを生きていた女性のいのちは、私にとってかけがえのない価値を持つものとなっていたのです。その関係性に、前号の会報でも触れた「いのちの不思議」をもう一度見ています。

フランシスコ教皇が語った言葉から

短い滞在日数にもかかわらず、教皇は実にたくさんの人々と出会い、触れ合い、意味深い言葉を語り、私たちを励まし勇気づけてくださいました。長崎と広島での、平和と核保有に関する重要なメッセージについては、小さな者が言及するまでもありませんが、私にとって、特に印象深く受け止めた言葉をいくつか拾い挙げてみます。*

「だれのために生きているのか」

一一月二五日に東京カテドラル聖マリア大聖堂で行われた青年との集いで教皇は、いじめや差別で傷ついた青年に「世界はあなたを必要としている」と告げ、「何のために生きているのか」と問うのではなく「だれのために生きているのか」問うことが大切だと言われました。そして、自分の価値や良さに気づくためには、自分の殻から出て最も困窮する人のもとへと出向くことを勧めます。これは単なる善い行いの勧めではありません。助けてあげなければならない人と思われている人々のいのちと関わる中で、癒やしの力が働くのです。助ける側も助けられる側も、相互に尊厳あるいのちが回復するのです。言い換えれば、最も小さな者の中にイエスが隠れているということを暗示しているのだと思います。

「神はあなたの中に、たくさんの資質、好み、たまもの、カリスマを置かれましたが、それらはあなたのためというよりも、他者のためのものなのです……。他者と共有するため、ただ生きるのではなく、人生を共有するためです。人生を共有してください。そしてこれこそが、あなたがたがこの世界に差し出すことのできる、すばらしいものなのです」

「分かち合い、祝い合い、交わる『わたしたち』、これしかありません」

一一月二五日の東京ドームでのミサではマタイ福音書六章二五～三四節のテキストで語られました。今日の私たちの生活は、息も切れるほど熱狂的に生産性と消費を追い求めることに、自分の関心や全エネルギーを注ぐことによって、不安と競争心という悪循環に陥っていると指摘。その結果、大切なことに対して徐々に私たちを無関心、無感覚にし、こころを表面的ではかない事柄へと向かうよう押しやっている。己の利益や利潤のみを追い求める利己主義は、「巧妙にわたしたちを不幸にし、奴隷にします。そのうえ、真に調和のある人間的な社会の発展を阻むのです。孤立し、閉ざされ、息ができずにいる『わたし』に抗しうるものは、分かち合い、祝い合い、交わる『わたしたち』、これしかありません」。

交わりを大切に生きてきた小さな宣教師は、この言葉に本当に力づけられました。

「キリスト者の共同体として、わたしたちは、すべてのいのちを守り、知恵と勇気をもってあかしするよう招かれています。感謝、思いやり、寛大さ、ただ聞くこと、それらを特徴とする姿勢を、いのちをそのままに抱きしめ受け入れる姿勢を、あかしするようにと。……いのちの福音を告げるということは、共同体としてわたしたちを駆り立て、わたしたちに強く求めます。それは、傷をいやし、和解とゆるしの道をつねに差し出す準備のある、野戦病院となることです」

これは就任当初から、フランシスコ教皇の教会観のキーワードとして、「出向いていく教会」と対にして語られてきた言葉です。

人々を教会の中に呼び込もうとする内向きの姿勢ではなく、教会の垣根を越えて街路に出ていき、そこで傷つき倒れ、助けを必要としている人に出会って連れ帰る野戦病院のようであれというのです。フランシスコ教皇からのこのような大きなチャレンジを受け、今、時代の変化に即した教会の在り方が、根本的に問われていると認識すべきなのでしょう。

祝された会堂献金

昨年六月からヴァレリオ教会の新会堂建築は資金不足でストップしていました。今回一時帰国する前に、協力を呼びかける動画を作成して、YouTubeで配信し、ブラジルのすべての合同長老教会と、関わりのあるアメリカとドイツの教会にも個別に協力をお願いしました。けれども、現時点での応答はまだありません。

日本においては、六回の宣教報告、または宣教紹介を実施しました。その結果、行く先々で協力的な温かい空気が感じられ、それが献金に反映されたことは本当に感謝でした。それに加えて、思いがけず大きな贈り物が、文字通り天から降ってきたのです。昨年一月に召天した姉からの献金でした。びっくり仰天とはこのことです。天国の姉が、困窮しているブラジルの人々のために喜んでささげてくれたのだと思います。

（SALVADOR 第八号・二〇二〇年一月二〇日発行）

＊文中のカギ括弧内は、教皇が講話で語った言葉。それぞれカトリック中央協議会のサイトから引用。「教皇の日本司牧訪問　教皇の講話　青年との集い　東京カテドラル聖マリア大聖堂、11月25日」（https://www.cbcj.catholic.jp/2019/11/25/19857/）、「教皇の日本司牧訪問　ミサ説教（すべてのいのちを守るため）

東京ドーム、11月25日」(https://www.cbcj.catholic.jp/2019/11/26/19845/)。

悔いて改める機会に

ブラジルの新型コロナウイルス感染症(以下COVID-19)の感染者と死者の数が、ついに世界第二位になってしまい、まだ拡大の一途をたどっています。多くの皆さんが、異国にあって先の見通しの立たない状況に置かれている小さな者のことを案じてお祈りくださっていると思い、まず初めにこころから感謝申し上げます。

二つの災禍

日本のニュースで流れる映像は、主に感染拡大が最も大きいサンパウロ州のものでしょうか。私が住んでいるバイーア州は、日本の一・五倍の面積で人口約一五三〇万人、州都サルバドールは人口約二五〇万人です。バイーア州の死亡者数の六〇パーセントはサルバドールの住民ということです。

COVID-19を最初にブラジルに持ち込んだのは、イタリア旅行からの帰国者でした。サンパウロに住む富裕・中産層から感染し始め、それが使用人などの労働者に拡大し、今や周辺の小都市や貧しい地区の方に拡大し続けています。また先住民族の保護地区では、ボルソナーロ大統領が憲法を無視して経済開発を奨励しているため、違法侵入者による火災や森林伐採があとを絶たず、先住民族や環境保護運動のリーダーたちが殺害されている状況に加えて、COVID-19の感染によって死者が急速に増えているのです。コロナは国籍や人種、性別、階層の違いを超えて平等に襲ってくるものと思われがちですが、そうではありませんでした。感染以前の社会の不平等、差別、周縁化が感染状況や医療態勢に厳然と現れてきています。感染が拡大する中、低所得者のために経済活動規制を緩和し始めたところ、事態は悪化する一方。

そして、現大統領は一貫して富裕層、大企業を優遇する経済活動を優先する見地から、常軌を逸したような言動をして、国政や国民を混乱させています。

「ブラジル人を幸せにするために必要なもの――ワクチンと大統領罷免」という投稿をFacebookで見て、笑えないジョークだと思いました。

私の日常生活

「家に居なさい（Fique em casa）」の要請が出された三月半ば以降、もう三カ月以上ずっとアパートにこもっています。教会も三月二二日の日曜日から礼拝も日曜学校も教会堂ではできなくなりました。

私の週一回のポルトガル語の授業も、トリンダージ共同体での昼食ボランティア奉仕もすべて休止です。

親しい人々との交わりの機会を持てない生活が始まると、私はまず思考力の低下をすごく感じました。ポ語によるコミュニケーションがとてもおっくうになり、いろいろなニュースやメッセージを理解しようとする気力が失われていくのです。だんだん魂が枯渇していくのを感じ、「鹿が涸れ谷で水をあえぎ求めるように……」（詩四二・一）の言葉が身に染みました。

毎日、窓辺から大空と海を見渡し、夥しいいのちが刻々と失われていく世界を思いながら世界を包む祈り、Pai Nosso（主の祈り）を繰り返し祈っています。

食料の買い出しのために外に出ると、必ず助けを求めている人に出会います。スーパーの入り口で待っている人には何が必要なのかを聞いてそれを提供していますが、ある時、「自分はお米やフェイジョン（豆）をもらっても料理する場所がないから、すぐ食べられるものがいい」と言う人がいて、はっとしました。それ以来、外へ出るときには必ずお弁当やサンドイッチを二つ三つ持っていくようにしました。そうすると、それを待っていたかのように空腹を抱えている人に出会いました。アルコールで手を消毒して、目を見つめて手渡します。にっこりと嬉しそうな顔を見た瞬間、イエスさまに出会った気がして……孤立して渇いたこころを、こんなふうにいのちと触れ合う中で慰められながら過ごしました。

そのうちに、雨季が本格的に始まり、激しい風雨が吹き荒れて外になかなか出られなくなっていきました。家のない人たちはこの悪天候の中でどうやって生きているだろうかと案じながら、成すすべもなく祈るばかりです。

家にこもっていても食物に困らず、お金の心配もなく、ケアが必要な同居人もおらず、感染予防できる私は特別に恵まれた人間です。感謝と同時に本当に申し訳なく思い、この状況を生き延びることができたら、その先をどのように宣教者として生きるのかと問われています。

ヴァレリオ・シルヴァ合同長老教会の近況ー

年の初めに、教会にとって思いがけず喜ばしい働き人が加えられました。近隣の合同長老教会を辞任したP牧師と妻のSさんを、ダゴベルト牧師が私たちの教会に招いたのです。一〇名にも満たない小さな群れに牧師が三人になり、それぞれの賜物を生かす協働牧会が始まりました。五〇代半ばのこの牧師夫妻は、子どもや青少年への伝道に豊富な経験を積んでこられ、コンピューターの操作においても頼れる存在です。まさにこれまでヴァレリオ教会に欠けていた人材を神さまが送ってくださったと皆で喜び、将来に希望の灯がともされたようでした。私は子どもの教会学校への責任を解かれ、月に一度説教を担当、聖餐式を共同で執行していましたが、現在はコロナ禍で休止中。礼拝や祈祷会はスマホを使ってつながり、各家庭で行っています。

ところで、日本キリスト教団出版局が発行している月刊『信徒の友』一月号の聖書日課で、一月一一日には私たちの教会を覚えて祈るように組まれていました。直後から「祈りました」のメールが何通か届き、その後三月初旬まで、日本の各地から祈りのはがきが次々に届いたのです。教会の人たちは、日本語のはがきが地球を半周して届くのを見てたいそう感激し、私たちの歩みを導いてくださ

る神の臨在を実感したことでした。日本の教会の皆さんに「こころから感謝しています」と伝えてくださいとのことです

さて、昨年六月以来資金不足で中断していた会堂建築工事は、昨年末に日本からの献金が届けられて再開しました。

三月中旬以降、自粛要請が出されたあとも、労働者たちの生活を窮地に追い込まないように、少しずつ工事を続けています。ダゴベルト牧師が毎日、工事現場に出かけて監督しています。

マリア・ガレーガさん

五月半ばのある日、ジョアン・ペソアに住むマリア・ガレーガさんの娘さんから、彼女がCOVID-19に感染して入院治療中との連絡が届きました。驚いてすぐに状態を尋ねますと、症状は安定して快方に向かっているとのこと。けれども彼女は六三歳で既往症もありますから、急変しないとも限りません。すぐに、Facebookやメールで、彼女の回復のため、また家族のために祈ってくださいとお願いしました。早速、日本とブラジルの何十人もの方たちから「祈っています」という力強い約束の言葉が届き、ありがたいことでした。

マリア・ガレーガさんとは一九九四年に初めて出会って以来、親しい交わりを続けています。その頃、堀江神父がジョアン・ペソアのジュニオラードで若いイエズス会士の養成を担当しながら、その周辺の貧しい共同体を司牧しておられました。九〇年に日本に帰国した私は、永住ビザの更新を兼ね

て二年ごとにブラジルに行き、神父のお働きの現場を訪問、初めてノルデスチのポーボ（民衆）と出会う機会を持つことになったのです。私にとって、彼女はポーボのモデルのような人です。シンプルで強い信仰、一度会った人をずっと忘れず思い続ける愛情、訪れた人を大ご馳走で歓待する広いこころの持ち主です。

彼女の奉仕する小さな共同体は、湿地帯の貧困地区にあり、ほとんど女性と子どもたちの教会です。多くの女性たちは夫に去られたか、婚姻関係を持たずに何人も子どもを抱えてどうにか生きている母親たちで、文字の読み書きができるのはマリア・ガレーガさんだけでした。神父は毎週ミサを執行に来るわけではないので、神父の来ない週には彼女が聖書を読み、信仰のメッセージをとりつぐのです。

今まで何人、日本からの訪問客をお連れしたことでしょう。この小さな共同体での礼拝は、いきいきと喜びに満ちあふれていて、訪れた人は忘れられないと言っています。礼拝することは祭り（祝祭）なのだと、困難の中で生きているポーボから教えられ、信仰を新たにされてきました。

しかし、悲しいことにこの地区は治安が悪くなる一方で、また近くに異なるタイプの教会が建ち、屋外に向けて歌や説教を大音響で流すので、その騒音公害は相当なものです。決して良くはならない生活状況の中で、イエスさまを信じて希望を持ちつつ生きている共同体の人々にとって、信徒リーダーであるマリアさんのCOVID-19感染はさぞ大きな試練だったことでしょう。

幸いなことに、マリアさんは退院後、自宅療養を二週間ほど続けてようやく日常生活に戻ることができました。「イエスさまが私に勝利を与えてくださった」と喜び、神さまと友人たちに言葉で言い表せないほど感謝しておられ、「お祈りしてくださったすべての人々にお礼を言ってください」とのことです。

（SALVADOR 第九号・二〇二〇年七月二〇日発行）

助け合い分かち合う共同体を

明けましておめでとうございます。

コロナ禍の第二波、第三波の襲来で不安が募る中、とにかくいのちが守られて新年を迎えられたことは感謝に堪えません。毎朝、新しくいのちを与えられたことを神さまに感謝し、多くの方たちのお祈りによって支えられていることを覚えて、こころから感謝しています。

祈る生活

一日の初めに、まず窓を開けて大空と海を見渡し、夥しいいのちが刻々と失われていく世界を思いながら、世界を包む祈り Pai Nosso（主の祈り）を祈っています。イエスさまの十字架上の傷跡――両手と両足、そして脇腹を黙想するという意味で五回祈ります。

その後、日課の聖書を読み、こころに掛かっている人々を覚えて日本語でお祈りします。とにかく、この地にいても今は何も仕事ができません。自分自身の寂しさにとらわれると日常生活がふしだらになり、情けない思いを味わうことになります。そこで宣教師の証しとして「祈り人」になろうとこころに決めたのです。昼にも就寝する前にもPai Nossoを繰り返し祈ります。祈る中で、ときとして神の思い、慈しみがこころに染みこんでくるようなこころ持ちが……人との距離が開いた分、神さまとの距離は近くなったようです。

「神は最後にいちばんよい仕事を残してくださる。それは祈りだ」*

また、聖書を新しい翻訳版（聖書協会共同訳）で読んでいるせいでもあるのでしょうが、このパンデミックの中で聖書の民の苦境をより深く想像させられて、今までとは違う言葉の味わいを覚えています。

最小限の必要のために外出すれば、毎日示される死者の数はどこのことかと思えるほど、雄大な空と海、花が咲き、鳥がさえずる美しい自然に出会います。行き交う人たちが皆マスクをかけているので現実に引き戻され、帰宅すると靴を消毒し、衣服を取り換え、手洗いを入念にするのはごく当たり前の習慣になりました。路上で、用意していたお弁当を誰かに渡せた日には、「あぁ良かった」と喜びに満たされます。

このように、コロナ禍の中で誰とも会えず、言葉も交わさない日々ですが、感謝しながらつつがなく過ごしています。

ヴァレリオ・シルヴァ合同長老教会の近況Ⅱ

コロナ感染拡大が深刻になり始めて以来、昨年三月末から一度も会堂で礼拝をささげることができず九カ月が過ぎました。テクノロジーに長《た》けた人も設備もないので、他教会のようなオンライン礼拝も望めません。礼拝は月に一度サルバドール教区のオンライン合同礼拝がYouTubeで配信されるので、それに参加しています。

けれども、スマホを駆使して、WhatsAppのビデオ通話によって毎週祈祷会を持っています。画面で顔を見ながら一週間のお互いの生活を分かち合い、祈りの課題を上げて熱心に祈りをささげています。また、日本の多くの人々の協力を感謝し、祝福を祈っています。私自身はたどたどしくシンプルな祈りしかできませんが、皆の祈る言葉を聴いてとてもこころ満たされるひと時です。祈り合う中で、互いに絆が強まっていることを実感しています。

ヴァレリオ教会のメンバーにはまだ一人も感染者は出ていませんが、身内が亡くなって嘆き悲しむ人が出てきて、死亡者の数字は決して無機質な数ではないこと、愛する人のいのちが失われ、それを悲しむ人々の涙があるということを深くこころに留めながら祈っています。

一二月二〇日には、例年のようなクリスマス礼拝や祝会は何もできませんでしたが、P牧師といっしょに地域を訪問して、パンデミック前に実施したプログラムに参加した八名の子どもたちにプレゼントのパックを渡すことができました。

パックの中身を見たとたん、子どもたちに満面の笑顔の花が咲き、こちらも胸がいっぱいになりました。乏しい生活の中で生きている子どもたちにとって、プレゼントがどんなに嬉しかったことか！ 長い活動停止が続く中で、子どもたちに御子イエスのお誕生の喜びと希望を手渡すことができたように感じ、私たちも感謝と喜びに満たされて帰路についたのでした。

ブラジル社会の中で考える

身動きが取れない状態にあって、社会との接点は主に Facebook や YouTube を通して得ています。最新のニュースが動画や映像付きで日々入ってきますが、重要だと思われる出来事や特別企画、講演会などを選んで見ます。

特に、アマゾン火災に続いて、昨年来パンタナール（多様な生物のすむ大湿原）にも火災が発生し、収拾がつかなくなっている事態に胸を痛めています。かの地には、かつて駐在員時代に家族で二回も旅行し、豊かな自然、動植物、魚、鳥類の生息に触れました。もう一度、孫たちと行きたいと思っていただけに、無垢の生き物たちの悲惨な映像に涙を禁じえません。

その火災は自然発火ではなく、少なくとも五つの大農場が家畜の牧草栽培のために火を放ったのが、折からの乾季で収拾がつかなく

地域の子どもたちにナタールのプレゼント
（2020 年 12 月 20 日）

なったとのこと。

また、環境問題に早くから危機を感じて警告を発し続けている解放の神学者レオナルド・ボフのインタビューやイベントでの発言に、強く惹きつけられています。「森の番人」と言われている先住民族の、特に女性たちの提言にも多くを教えられ、こころ惹かれるものがあります。

このように、間接的ではありますが、ブラジルの大地に響いている民衆や生物の叫びやうめきに接する中で、次のメッセージが生まれました。

教団宣教師　小井沼眞樹子

「新しい共同体を造る契機として」


コロナ発生以前から、アマゾンの森林火災は深刻な事態となり世界中の人々の憂慮の的となっていた。先住民族保護地区は憲法で守られていたが、現政府が違法な経済開発政策を推し進め、不法侵入者によって森の番人である先住民族のリーダーが何人も殺されている。さらにコロナ禍に乗じて、大規模農産業や鉱山企業が火災や伐採を続けており、4月には過去10年間で最も焼失面積が大きかったと報じられた。そして今や、病原菌に弱い先住民族の間で感染が急速に拡大している。

ここ数年の間になぜ次々に新しいウイルスが発生するのか。それは、多様な生物群の生息環境が失われてウイルスが行き場を失い人間を襲うのだ、と科学者は指摘する。ウイルスの蔓延と気候変動は、地球が「もうもたない！」と悲鳴をあげている様相を呈しているのだ。２０５０年には壊滅的状況に達するとも警鐘を鳴らす。

新型コロナウイルスの収束のメドが立たない現在、当面は直面する現実問題への対策で追われているが、私たちはもっと根本的な問題を見据える必要があるのではないか。これまで世界を支配してきた際限のない利潤追求、貧富の格差を拡大させ、弱者のいのちを踏みつけにする政治経済、拝金主義、他者の苦しみに無関心の文化は、このコロナ蔓延下で行き詰まってきたのだ。「コロナ禍は大企業や富豪に鉄槌を食らわせ、人類に新しい共同体を造る契機を与えてくれた」とL・ボフは語る。

平等で助け合い分かち合う共同体の形成に大きく方向転換すべきときだ。それこそ聖書の根本メッセージであり、主イエスの「神の国」の福音そのものである。奴隷状態から「解放する神」は民の叫びを聴いて必ず歴史に介入してくださる。イエスは死の墓から復活された。私たちは、この困難の中でもう一度しっかり信仰に立ち返り、希望をもって祈り求め、置かれた場でいのちを愛する神のみこころを実践するよう召し出されている。

（日本基督教団関東教区新潟地区世界宣教委員会ニューズレター三七号、二〇二〇年一〇月一日発行より）

（SALVADOR 第一〇号・二〇二一年一月一五日発行）

＊　ヘルマン・ホイヴェルス『人生の秋に』春秋社、一九六九年、三〇九頁掲載の詩「最上のわざ」より。

コロナ禍を生き延びています

小さな者を覚えて、多くの皆さんがお祈りと尊い献金をささげてくださることをこころから感謝しています。

四月半ばには二回目のワクチン接種が済んで、ブラジルのCOVID-19の死者総数が五〇万人を超える中、いのちが守られ健康を与えられて生活しています。とはいえ、長引くコロナ禍のもとで、一人寡黙な自粛生活を続けるのもホトホトうんざり、頭にどんより雲がかぶさっているようで（今サルバドールは雨季なのです）うつうつとした気持ちを拭えません。そして、大統領の悪態ぶりや政治家たちの腐敗、貧しい民衆の深刻な窮状、それらの事情を言語の壁でよく把握できないもどかしさもストレスを加える要因になっています。

このように辛い気持ちを初めに正直に吐き出すと、自然にプラス思考が湧いてくるのはいのちの法則でしょうか、ありがたいことです。

懺悔の日々

長い孤独な生活の中で、自然に遠い昔からの出来事を思い出す時間を多く与えられています。子ども時代や学生時代から今日に至るまでの自分のいろいろな過ちや失敗、人間関係の破れ、無自覚のうちにひとを傷つけていたこと等々が浮かんできて、なんて自分はひどい人間だったかと、懺悔《ざんげ》の思いに浸ることしばしば。優しかった亡夫の写真の前で「ごめんね、クニミツさん」とつぶやくのも毎度のこと。そのようにして、自分のありように奥深く潜んでいた欠陥をしかと見つめ直すことは、決して快いことではないけれども、私にとって、いま、必要なことなのだろうと受け止めています。そして、イエスさまの十字架と復活によって示された神の愛、「私を生きてよい」という生の是認を繰り返し受け取って、自分を「再起動」しています。

嬉しい交わりの再開

ワクチンの効果で五月初旬に免疫がついたので、ホッとして外出するのが少し楽になりました。そんな折、トリンダージ共同体から「ここの住人も全員ワクチン接種を終了したので来てください」と声がかかり、昼食作りの奉仕に一年半ぶりに復帰しました。

その共同体は、もとホームレスだった人々が古い教会堂を借りて共同生活をしている場所で、五年前から週に一度ボランティアとして関わりを続けてきました。共同体の人々のシンプルで優しい、温かいこころに触れて、何よりもこころ安らぐ場所です。その交わりの中で、ときどき聖書の言葉がストンとこころに落ちる体験を与えられるのです。

ヴァレリオ・シルヴァ合同長老教会の近況Ⅲ

ヴァレリオ教会は、相変わらず週に一度スマホのビデオ通話で祈祷会をする以外は、活動ができない状態です。ですが、P牧師が教会員やその家族の誕生日を祝う動画を作成するようになり、そこに私たちがメッセージや写真を加えて素敵な動画が出来上がります。誕生日を皆で熱く祝う文化がブラジルにはあり、この動画配信は離れている各人を結びつける一助になっています。

コロナ感染の拡大が続く中、五月にはとうとう教会員の一夫妻が感染し、夫は入院、妻は自宅療養、幼い子ども二人は祖父母に預けられて、しばらくとても大変な日々が続きました。皆でこころを合わせて祈りました。幸いなことに重症化せずに早めに退院でき、子どもたちには感染せずに済んでホッとしました。

六月には、国際NGOワールド・ビジョンから基本食糧品のパックが五〇個近隣教会へ寄付されたのを、半分おすそ分けで二五個頂きました。ヴァレリオ教会に関わりのある貧困家庭に届けて喜ばれました。

会堂建築の現状と任期のことなど

新会堂建設工事は、昨年末に資金が底をついていたので、トーマス基金（亡夫が遺してくれた宣教資金）から立て替え、三月までに一応完了しました。

あとは、内部の備品を購入、設置すれば礼拝を始められるところまでこぎつけたのですが、コロナ禍で先に進むことができずに三カ月たちました。その間、牧師や教会員のワクチン接種が次々に済んだので、資金さえ届けば行動開始となります。

新会堂が完成したあとには、旧会堂のリフォーム工事が残されています。青少年の教育活動、地域の人々への生活支援の場となるコミュニティ・センターとして活用するためです。

このリフォーム工事の見積もりはまだ上がってきません。このところ、ブラジルのインフレが高まり算段が難しいことも一理ありますが、迅速に事が進まない現実に、忍耐しながら待っています。

先日、このリフォームのために旧友が思いがけず多額の寄付を送ってくださり、大感謝。コロナ禍のせいで、日本でも様々に困窮する人々が増え、その支援活動も活発化しています。そういう状況下ですので、皆さまへの会堂献金のお願いはこれで終わりたいと思います。これまで多くの方々から頂いた多大なご支援をありがとうございました。必ずや豊かな実りをもたらす結果を見ることになるでしょう。神の国の「からし種のたとえ」を証しすることができますように、ヴァレリオ教会の皆でこころを合わせて祈っています。

テクノロジーの恩恵によって

ある日、日本の妹から連絡があり、池袋朝祷会*が東京の緊急事態宣言のためにしばらくの間Zoom

で集会をするようになったので、ブラジルにいる私に奨励を依頼したいということでした。テクノロジーの恩恵で、遠方の多様な教会から多くの方が参加し、祈りを共にしました。ブラジルは自然も人間も、被造物すべてがうめき、民衆は苦境や飢えにさらされている大地であることを紹介。コロナ禍で何も仕事がなく孤立生活の中、路上で出会う隣人に少しのお弁当を手渡すことで具体的な関わりが生まれ、それが孤独な生活を支える心棒になっていること、また、コロナ禍はイエスさまの愛に根差した方向転換をすべきチャンスと捉えるべきと話しました。

その場に、クリスチャン新聞のもと記者が参加しておられ、二日後、同新聞への寄稿を依頼されたのです。何度か繰り返し書いてきたことをまとめた拙稿が、クリスチャン新聞二〇二一年六月六日付に掲載されました。

「いのちの共同体に方向転換すべき時」

寄稿・小井沼眞樹子＝日本基督教団宣教師　ブラジル・サルバドール在住

コロナ禍のブラジルから

ブラジルは今、新型コロナウイルス（以下・コロナ）が急速に拡大しています。今や病原菌に弱い先住民族の間で感染が拡大し、４月には全国で１日の死者数が４千人を超える日もありました。人命を軽視し、経済政策を優先させてきた現大統領の、コロナ感染対策不備の責任を問う諮問委員会が現在進行中です。

しかし、コロナ発生以前から問題がありました。世界が憂慮するアマゾンの森林火災は、地球温暖化による自然発火ではなく、農地拡大を目的とした大規模農産業の着火によるものです。また、先住民族保護地区は憲法で守られているのに、大統領が違法な経済開発政策を推し進め、不法侵入者によって森の番人である先住民族のリーダーが非道に殺されています。ウイルスは多様な人間に平等に襲ってくるのではなく、実際は感染以前の社会的不平等、差別、周縁化が厳然と感染状況や医療現場に現れるのです。

さて、こうした社会状況の下、ブラジルのキリスト教会は二分しています。聖書の言葉を熱狂的に説いて民衆を生活苦から救い出すように見え、実際は神の名を使って「商売する」ネオペンテコスタル教会が一方にあります。エキュメニズムを拒絶し、現政府に「牧師」まで送り込んでいる彼らは、実際、私たちを困惑させ、多くの難問を突き付けています。カトリック教会も分断し、教皇フランシスコに反旗を翻す頑迷な保守派がいます。

他方、カトリック教会の「全国司教会議」が主導する教会とプロテスタント教会の進歩派（少数派）は連携し活動しています。現在は社会的孤立のなかでもっぱらオンラインによる宣教ですが、イエスの福音を正しく説き明かし、先の見えない暗闇の中で「いのちの神」を信じて希望を持ち続けるよう人々を励ましています。私が現在奉仕している教会はサルバドールの貧困居住区にあり、ブラジル合同長老教会に所属。個人と社会に対する福音宣教を根幹に据え、社会的弱者に寄り添い、他教会とのエキュメニカルな関係の下で、人権を擁護する市民運動とも連携しつつ歩んでいます。

私は２０１６年からブラジルのバイーア州の州都、サルバドールに在住していますが、この町はかつて３００年続いた奴隷制時代のブラジルの首都であり、アフリカから連れ出されたおびただしい黒人たちが奴隷にされ、売買された拠点でした。１５００年にヨーロッパ人がブラジルを「発見」して以来、この大地から豊かな資源を収奪し、先住民族を激減させ、アフリカ黒人を奴隷として酷使し、それら女性たちをレイプした結果生まれた混血人が人口基層の半分となってブラジルの歴史は刻まれてきました。ひと握りの権力者、富裕者層と、大多数の貧者が同居するこの国の解決困難な社会問題の底には、長い植民地支配の負の遺産が根強く残っています。恒常的な政治の不正、腐敗、圧倒的な貧富の差、人種、性別、宗教などによる様々な差別など。

にもかかわらず、苦しむ民衆の抵抗力、生きようとする力、助け合う友愛の美しさに心惹（ひ）かれ、そこに希望を見ています。彼ら、彼女らのいのちと触れ合う時、奴隷の家から解放する神、抑圧に苦しむガリラヤの民衆と共に生きたナザレのイエスの気配を感じるからです。そして実際、良心ある市民たちは、政治的逆境にもめげず、独創的な様々な手法でダイナミックに市民運動を展開しながら歩んでいます。

ここ数年間になぜ次々に新しいウイルスが発生するのか。科学者は「多様な生物群の生息環境が失われてウイルスが行き場を失い、人間を襲うのだ」と指摘します。ウイルスの蔓延（まんえん）

と気候変動は、地球が「もうもたない！」と悲鳴を上げている状況、このまま進めば2050年には多数の生物群が絶滅し、もっと強力なウイルスが発生するだろうと警鐘を鳴らしています。コロナ収束の目処が立たない現在、当面は直面する現実問題への対策で追われていますが、私たちはもっと根本的な問題を見据える必要があると思います。

解放の神学者レオナルド・ボフは「これまで世界を支配してきた際限のない利潤追求、貧富の格差を拡大させ、弱者のいのちを踏みつけにする政治経済、拝金主義、他者の苦しみに無関心の文化は、このコロナ蔓延下で行き詰まってきたのだ。コロナ禍は大企業や富豪に鉄槌を食らわせ、人類に新しい共同体を造る契機を与えてくれた」と、強く提言しています。「平等で助け合い、分かち合ういのちの共同体の形成に大きく方向転換すべき時だ。それこそ聖書の根本メッセージであり、主イエスの『神の国』の福音そのものである」とも加えます。

「奴隷状態から解放する神」は、民の叫びを聴いて必ず助け出してくださいます。イエスは死の墓から復活され、愛が死に打ち勝つことを示しておられます。私たちは、この困難の中でもう一度しっかり福音に立ち返り、希望をもって新しい共同体の形成を祈り求め、行動を起こすよう求められていると思います。

（『クリスチャン新聞』二〇二一年六月六日付、七面より）

（SALVADOR 第一一号・二〇二一年七月一五日発行）

＊ 朝祷会（朝食祈祷会）は大阪で誕生して全国組織へと発展。池袋朝祷会は祖父が創設、二〇二一年に六〇周年を祝ったエキュメニカルな祈祷会です。

驚くべき恵み

多くの皆さまのお祈りとご支援によって進めてまいりましたサルバドールにおける宣教奉仕が、二〇二一年末に無事終了いたしました。長い間のご協力をこころから感謝申し上げます。たどってきた道程を振り返り、その恵みを味わっています。

出会い

まだオリンダ市のメソジスト教会で奉仕していた二〇一三年一〇月に、二人の日本人聖職者（神父と牧師）といっしょにサルバドールを旅行しました。エキュメニカル社会事業支援所（Coordenadoria Ecumênica de Serviço＝ＣＥＳＥ）を訪ねますと、幹事のソニア・ゴメス・モッタ牧師が私たちを迎えてくださいました。ＣＥＳＥの働きや社会問題への取り組みなどひと通りの説明が終わった時、「ではCESEが具体的に支援している団体をひとつ紹介してください」とお願いしました。翌日、一組の夫妻が車で私を迎えに来て、とある貧困地区の教会へ連れていってくださったのです。

それがヴァレリオ・シルヴァ合同長老教会と信徒リーダーの長老Gさんとの初めての出会いでした。以後、所用でサルバドールを訪ねたときには必ず彼女の家に宿泊し、いろいろ話を聴くことになりました。その当時、ヴァレリオ教会は三年前から無牧で、長老Gさんがひとり教会の門を開け、信仰の灯を消さないよう教会学校を続けてきたというのです。私は彼女の忠実な信仰にこころから敬服し、良い友だちになりました。きっとその時、神の国の小さなからし種が一粒、地に落ちたのでしょう。またソニア牧師とは、のちに合同長老教会の女性牧師同士として親しくなりました。

忍耐の三年

それから三年後の二〇一六年二月に、私は日本基督教団から正式に派遣されてこの教会に赴任したのです。その前年に、ダゴベルト牧師が主任牧師として着任し、私を迎えてくださいました。

任期は三年。教会員は、三人の高齢女性がその地区の住人で、それ以外は牧師も含めて車で遠くから来る人たちでした。教会は高台に建っていて不ぞろいな急階段を上らなければ会堂に達することができません。

私たちは長老会議を開き、教会の将来を考えて、道路と同じ平面に新会堂を建てるプロジェクトを立ち上げました。その実現のためには道路沿いの三本の大木を切り倒し、高台の斜面を切り崩して平地を造成する必要がありました。ダゴベルト牧師が最大限の努力を重ね、市当局から書面上の許可を得ましたが、実際の伐採がなされず、とうとうこのプロジェクトを断念せざるを得なくなったのです。その間、教会は日曜日には教会学校と礼拝、水曜日にはミシン教室と家庭訪問、祈祷会を行い、会員相互の交わりと友愛は深まり、少しずつ物事を計画的に運べるようになっていきました。それは、小さな教会に与えられたよき訓練のときだったと、あとになって思いました。

建ち上がっていった！

任期を二〇一九年から二一年末まで更新し、仕切り直して政府の許可を必要としない新プロジェクトを立案。小さな宣教師はポルトガル語による意思伝達力が乏しく、実践活動でできることはほんのわずかです。けれども、貧しい地区で奉仕することがとても重要な意味を持っていました。それは、ヴァレリオ教会と日本の様々な教会とをつなげる橋の役割をしたことにありました。第一任期の間に、「共に歩む会」の会員は増え、篤い祈りと尊い献金をささげ続けてくださいましたから、第二プロジェクトにすぐ着手できました。実際、建造物が建ち上がっていくのを目の当たりにしたとき、「神の国」の夢の実現を先取りするような喜びを覚えて、教会員一同ますます篤く祈り続けました。

二〇二〇年に入って間もなく、全世界に広がったコロナ禍で行動が規制され、自宅待機を余儀なくされました。しかし、私たちは礼拝ができなくても祈祷会だけはスマホのビデオ通話によって続け、ダゴベルト牧師の献身的監督のもとで建設工事は続けられました。ときに資金不足で中断しかけながらも、二度にわたる外国送金を敢行して、新会堂建設とコミュニティ・センターのリフォーム工事をなんとか終えることができたのです。

一一月一四日、コロナ禍の社会的規制下にあっても、近隣教会の友人知人、地域の人々が来場して献堂礼拝が行われました。それはそれは、大きな喜びと感謝にあふれた礼拝でした。日本にあって共に歩んでくださったすべての方々を覚えて、こころから感謝しました。

一〇〇年来の夢

献堂礼拝で感謝のメッセージをするマキコ宣教師
(2021年11月14日)

私の証しはここで終わりではありません。二一年二月に教会の創立六一年の記念礼拝をオンラインでささげた時、思いがけない事実が浮上してきたのです。そこにヴァレリオ・シルヴァ教会という名前の由来となったヴァレリオ・シルヴァ牧師の生涯を紹介する一幕がありました。ナレーターはこう語ります。

「すべて偉大な事柄の実現は、ひとつの夢から始まっています。M・L・キング牧師と同様に、ヴァレリオ・シルヴァ青年もまた『私には夢がある』と言ったに違いありません。カブーラ地区のモーホ・アバカシに神の働きが実現するのを見るという夢です。その地区が現在の私たちの教会の所在地、パウ・ミウッド地区のセルタネージョにほかなりません。その夢から、ヴァレリオ・シルヴァ合同長老教会の創立が実現するに至ったのです。

サルバドールの町はずれの貧しい地区で一九〇一年に生を受けた彼は、若い時に死ぬかと思うほどひどい暴力にさらされたそうです。一九二〇年には自宅の横で近所の子どもたちを集めて教会学校を始めます。それは、人種差別を許さないという彼の強い意思の表明でした。カンピーナス長老教会神学校での学びを終えると、サンパウロ教区で按手礼を受け、短期間ですが二つの教会で牧会しました。

牧師としての使命に燃え、献身的に働いたことは言うまでもなく、特に力強い説教をする宣教者としてその時代によく知られていました。しかし、残念なことに病に倒れ、三七歳の若さで天に召されました。ブラジルで初めての黒人牧師でした。彼の死後、町の道路には彼の名前が付けられ、しばらくしてヴァレリオ・シルヴァ牧師長老教会が設立されて、のちにヴァレリオ・シルヴァ合同長老教会となり、六一年の歳月を刻んできたのです」

このように、最近六年間の関わりの中でしか見ていなかった私の前に、一〇〇年前の一人の黒人青年の夢が立ち現れて、本当に驚きました。神ご自身の「神の国」のプロジェクトが、長い年月を通して多くの牧師たち信徒たちによって担われて、小さな者の宣教の道程にまで及んだことを知らされ、畏《おそ》れを覚えると同時に、いっそう謙虚にさせられています。

新しい革袋に新しいぶどう酒を

二つの立派な建造物を与えられたものの、ヴァレリオ・シルヴァ合同長老教会の神の国プロジェクトの正念場はこれからです。地域の人々にとっては、教会の敷居がまだかなり高いようです。がらんどうの会堂で、どのようにこの地域に宣教活動を進めていったらよいかを話し合い、神の導きを祈りながら模索を続けています。

ヴァレリオ教会は、これからも次の福音書の言葉を固く信じて、希望をもって歩んでいくでしょう。少し距離がありますが、祈りながら応援し続けていきたいと思っています。

「神の国を、何にたとえようか。どのようなたとえで示そうか。それは、からし種のようなものである。地に蒔くときには、地上のどんな種よりも小さいが、蒔くと、成長してどんな野菜よりも大きくなり、葉の陰に空の鳥が巣を作れるほど大きな枝を張る」（マルコによる福音書四章三〇～三二節）

（SALVADOR 第一二二号・二〇二二年二月一〇日発行）

あとがき

二〇二二年三月に日本基督教団の在外教師（宣教師）を隠退したとき、果たすべき任務を終えたという安堵感と感謝に包まれました。けれども、これから先はだんだんに消えていなくなりたい、というネガティブな思いにとらわれがちでした。

そんな私に、尊敬する先達牧師が、これまでの通信をまとめてひとつのヒストリー（history）ならぬ「彼女の物語（her story）」にするようにと強く進言してくださったのです。

私たちの物語――神の手によるジグソーパズル

二五年間にわたる通信を順次つなげていく作業を通して、最初に気がついたことは、なんと多くの人たちがその道のりに共にいて、宣教の苦楽を分かち合い、協力し、助け手となり、祈りと献金をささげ続けてくださったことか、ということです。これは決して「彼女の物語」ではなく、「私たちの物語（our story）」なのだと思いました。

そこに、神の手によるジグソーパズルのイメージが浮かんできました。初めにボードの中心に据えられるのは、明確な特徴を持つピースです。ピースの個性はいろいろですが、皆同等の価値（ピース面積）をもっていてひとつでも欠けると完成しません。図柄が部分的にしか見えなくても、じっと自分の場所に居て（Just be there!）待っていると、だんだんに完成図が現れてくる。振り返ってみると、私たちのたどった宣教生活もそのようなものではなかったかと改めて気づかされます。

そして、つづられている宣教活動の背後に、どのような意図や目的があったかについて少し説明を加えると、このパズルの完成図がより明確になるのではないかと思いました。

そこで、このあとがきの紙面を活用して少し補充しようと思います。

「百聞は一見にしかず」——ブラジル研修旅行

八〇年代半ばから解放の神学のいくつもの書物が日本語に翻訳され、南米からの発言に大きな関心が寄せられていました。そんな折に夫・國光にサンパウロへの転勤辞令がくだり、一九八六年から五年間の駐在生活は、南米からの問題提起に裏打ちされたブラジルとの出会いだったと思います。

九六年に私たちが宣教師として再度サンパウロに赴任したとき、ブラジルの実状を日本の人たちに伝えるためには、来て見てもらうのが一番と思いました。そこで着任した翌年から、ブラジル研修旅行を開始したのです。九七～〇五年、國光の在世中に七回、その後、ラキネット主催で四回、計一一回の研修旅行を実施。合計二四名が参加されました。それぞれの研修報告記は、まえがきで紹介した「サンパウロ通信」オリジナル版と、ラキネットの「会報ぽーぽ」[*1]に掲載されています。

追記＝一九九七年に実施した木田献一先生のブラジル訪問旅行については、YouTube で動画が公開されています。記録映像作家・岡村淳構成「生きている聖書の世界――ブラジルの大地と人に学ぶ」(https://www.youtube.com/watch?v=gb4M1TD-Oco&t=51s)

解放の神学のフィールドワーク

前述（本書一三一頁の注2参照）しましたように、夫・國光が召天すると、ブラジル研修旅行の体験者が世話人となり、「ラテンアメリカ・キリスト教」ネット（通称「ラキネット」）が誕生しました。これは、南米（実際はブラジル）で実践されている解放の神学運動と連帯して、研究、交流、広報という三本の柱を立てて日本に紹介しようと始められたものです。國光没後、単身でノルデスチに宣教師として赴任したときから、私はこのラキネットの交流部の責任も担う形で宣教活動しました。

ラキネットは、解放の神学についての知識や理解力を補う意味でも小さい宣教師を支え導き、現場の働きを分かち合う大切な協働体でした。

日本からの訪問者を案内する際には、特にパラナ州の田舎町サン・ジェロニモ・ダ・セーハに住んでおられた佐々木治夫神父の宣教現場に毎回訪問しました。神父の主要な働きはウマニタス慈善協会の事業です。それは、ハンセン病をはじめ皮膚病全般の無料の診療所、薬物依存者の更生施設、老人ホーム、プロポリスの製造などが含まれています。それ以外にも、農地改革運動によって農地を獲得した農家、「土地なし農業労働者運動」（ＭＳＴ）の組合や有機農業の次世代を育成する農業学校など多岐にわたる宣教現場を訪問して、解放の神学の貴重なフィールドワークの機会となりました。*2

聖書学習運動

ＣＥＢＩ（聖書学習センター）はカルメル会のカルロス・メストレス神父が七九年に設立した、貧しい民衆の視座に立って聖書を読み解く運動の推進母体です。その指導教官を養成するため、大学修士課程に相当する講座を実施し、佐々木神父とシゲ神父はその第一期生だったそうです。

その後、シゲ神父はパウロ・フレイレからじかに教育学を受講し、米国でＮ・ゴットワルトのもとで博士課程を修了（本書八三頁参照）。九一年からサンパウロで、ベルボ聖書センター（Centro Biblico de Verbo＝ＣＢＶ）の所長として、三〇名の講師陣と協働して聖書講座を実施しています。民衆と共に聖書を読む学習会のリーダーを育成するのが目的です。國光と私は、別個にサンパウロで一カ月間寝食を共にして行われるこの聖書講座に参加し、二年越しで旧約聖書と新約聖書を学びました。

講師よる解説を聴いたあと、神父やシスターも、神学生も信徒も、皆対等な関係でグループ学習し、学び取ったことを言葉やイラスト、動作や寸劇など様々な仕方で表現し、発表するというものです。聖壇はいつも床上にセットされ、無条件にいのちを愛する神について聖書の言葉から読み取る学びは、ダイナミックで喜びと希望にあふれていました。

日本からの研修者で、ほんの数日だけ、この講座の体験学習をした人もいました。この聖書講座の根幹部分に触れる機会となったと思います。

その後、私はその方法論をラキネットに紹介し、ラキネットの聖書研修会が始まりました。短い研修会でしたが、二〇一六年までに計一一回実施。聖書の読み方を新しくされたという参加者の感想が多くありました。

ベルボセンターの聖書講座は、その後、一〇日間の講座を一年に一回実施し、旧約と新約の学習を三年越しで終了する形となり、私はサルバドールで再度受講する機会に恵まれました。コロナ禍でしばらくはオンライン講座を続けてきましたが、対面の集中講座も最近再開されました。

死からいのちへの旅路

ブラジル宣教への召命は、母を看取《み》ったあと予期せぬ形で起こりました。サンパウロに赴任した一〇年後に夫が召され、彼のいのちが一粒の麦となってラキネットが誕生。二〇年後に姉が亡くなり、そこで改めて、小さい（小さくされた）人々のいのちの存在、その尊さに圧倒されたような気がしています。

そして、コロナ禍で一時帰国ができずにいてサルバドール宣教の任期を終えて、三年ぶりにやっと帰国したら、大切な良き支援者だった旧友が他界しました。末期がんの痛みに耐えて、私の帰国を待っていたかのような最期でした。愛する人たちのいくつもの死を超えて、尊厳あるいのちの回復を求める旅路は続いています。

今日、戦争や紛争、異常気象による災害でなんと多くの尊いいのちが失われている状況でしょうか。

これらすべての死を価値あるものとし、私たちをいのちの回復へと強く導いておられる愛の神を信じ、それぞれが置かれている現場をつないでいけたらと、希望を抱いています。

二〇二二年に一六年ぶりにサンパウロに戻ってきますと、サンパウロ福音教会ではコロナ禍で二年間中断していたデイサービス「シャローム」が活動を再開しました。私は週に二回この「シャローム」の活動に寄り添って、いのちの触れ合いの喜びと楽しさ、そしておいしい昼食を頂いて、孤立しがちな一人暮らしの生活を支えられています。

改めて、小さなブラジル宣教師の歩みに参加してくださったすべての方々に思いをはせて、感謝しています。

「共に歩む会」の初代代表の故・木田献一先生、その後の共同代表、大倉一郎牧師と松本敏之牧師に。初代事務局長の秋吉隆雄牧師と引き継いでくださった中沢譲牧師に。そして二五年間、初めから終わりまで事務局を担ってご奉仕くださった横浜港南台教会の皆さんに、こころから感謝いたします。

また、ブラジルで貴重な出会いと交わりを頂いた堀江節郎神父（現在は岩手県で司牧）、佐々木治夫神父と中ノ瀬重之神父に、そして共に働いたジャニ・ブラックバーンをはじめ多くの友人たちに感謝しています。

なお、本書の最終原稿に松本敏之牧師が目を通して適切な助言をしてくださいました。また、本書の編集と出版に際して、編集ライターの熊田和子さんとキリスト新聞社の富張唯さんに大変お世話になりました。併せて御礼申し上げます。

二〇二四年九月　サンパウロにて

小井沼眞樹子

＊1　ラキネットは二〇二〇年よりコロナ禍で活動できなくなり、運動体としては休止しています。ただし、ラキネット出版とFacebookの公開ページ「ラキネット・ぽーぽと共に歩む」は存続し、「会報ぽーぽ」はホームページ（https://la-christ-net.chu.jp/index.html）で閲覧することができます。

＊2　佐々木治夫神父は、ウマニタス慈善協会の主だった働きを「神の摂理の中にあるアシジの聖フランシスコ会」という修道会に委譲され、農業学校その他の活動は州政府や支援団体に引き渡されて、二〇二一年よりパラナ州のクリチーバで、長崎純心聖母会が運営する「純心聖母の家」（デイサービス・センター）で生活しておられます。

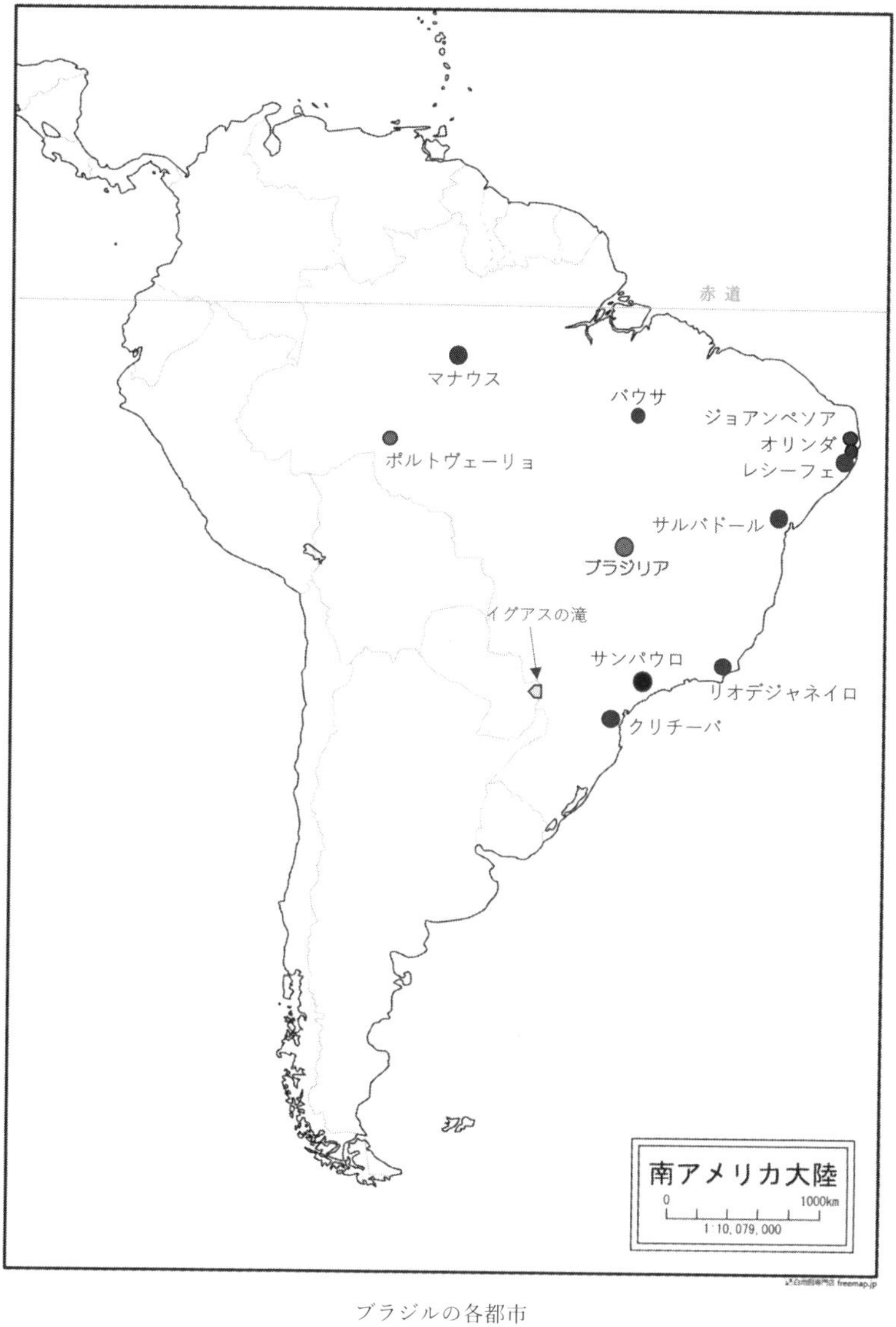
赤道
マナウス
バウサ
ジョアンペソア
オリンダ
レシーフェ
ポルトヴェーリョ
サルバドール
ブラジリア
イグアスの滝
サンパウロ
リオデジャネイロ
クリチーバ
南アメリカ大陸
0
1000km
1:10,079,000
freemap.jp

ブラジルの各都市

<著者紹介>

小井沼眞樹子（こいぬま・まきこ）

1947年、東京・世田谷にて出生、幼児洗礼を授かる。62年、池袋西教会にて信仰告白。70年、慶應義塾大学法学部法律学科卒業。71年、小井沼國光と結婚。73年、慶應義塾大学文学部英米文学科卒業。86年、夫の転勤に伴いブラジル・サンパウロ在住。90年、帰国。96年、日本基督教団教師検定Cコース終了。サンパウロ福音教会の担任教師に就任。99年、正教師となる。サンパウロ福音教会担任教師を辞任。2000年、デイサロン「シャローム」を立ち上げ、チャプレンに就任。06年3月、日本に帰国。8月、國光召天。2009～15年、アルト・ダ・ボンダージ・メソジスト教会協力牧師。16～21年、ヴァレリオ・シルヴァ合同長老教会協力牧師。22年1月、サンパウロに転居。サンパウロ福音教会に客員として参加。22年3月、日本基督教団在外教師（宣教師）隠退。

共訳書：マリア・アントニア・マルケス、中ノ瀬重之著『喜んであなたのパンを食べなさい』（ラキネット出版、2009年）

装丁：長尾　優

JASRAC　出　2407417－401
日本基督教団讃美歌委員会著作物使用許諾第5547号

ただそこに居なさい！
――小さな宣教師のブラジル通信

2024年11月15日　第1版第1刷発行

著　者　小井沼眞樹子

発行所　株式会社キリスト新聞社出版事業課
〒112-0014 東京都文京区関口1-44-4
電話 03-5579-2432
FAX03-5579-2433
URL. http://www.kirishin.com
E-Mail. support@kirishin.com

印刷所　株式会社光陽メディア

ISBN978-4-87395-835-4 C0016（日キ販）
Printed in Japan